세상에 하나뿐인

나의 꽃

별

바람

________________ 에게

너는 꽃이야,

별이야,

바람이야

너는 꽃이야, 별이야, 바람이야

1판 1쇄 인쇄 2026. 1. 14.
1판 1쇄 발행 2026. 1. 28.

지은이 오은영

발행인 박강휘
편집 김민경, 강지혜 | 디자인 유향주 | 마케팅 김민준 | 홍보 이한솔
글구성 김미연
발행처 김영사
등록 1979년 5월 17일(제406-2003-036호)
주소 경기도 파주시 문발로 197(문발동) 우편번호 10881
전화 마케팅부 031)955-3100, 편집부 031)955-3200 | 팩스 031)955-3111

값은 뒤표지에 있습니다.
ISBN 979-11-7332-488-8 03590

홈페이지 www.gimmyoung.com 블로그 blog.naver.com/gybook
인스타그램 instagram.com/gimmyoung 이메일 bestbook@gimmyoung.com

좋은 독자가 좋은 책을 만듭니다.
김영사는 독자 여러분의 의견에 항상 귀 기울이고 있습니다.

너는 꽃이야, 별이야, 바람이야

손끝으로 마음에 새기는 육아회화

오은영 지음

시작하며

당신에게 위로가 되었으면 좋겠습니다

육아 상황은 정말 정신없이 흘러가요. 그러다 보니 자꾸 놓치고 그냥 흘려보내고 후회만 쌓여갑니다. 아이에게 사과하고, 사랑한다고 말해주고 좋게 다시 말해주고도 싶지만, 정신 차려보면 언제나 아이가 잠들어버린 밤이에요. 그런 부모들에게 도움이 되었으면 하는 마음에 쓴 책이 《어떻게 말해줘야 할까》였어요. 다행히 제 마음이 가닿았는지 굉장히 많은 분들이 그 책을 사랑해 주셨습니다. "내가 이런 마음일 때는 아이에게 이렇게 말해줬어야 했군요. 도움이 많이 되었습니다"라는 감사 편지도 정말 많이 받았어요. 저 또한 사랑을 가지고 읽어주신 것에 진심으로 감사드립니다.

《어떻게 말해줘야 할까》 필사본 의뢰를 받고 실은 좀 주저했어요. 그렇지 않아도 바쁘고 힘든 육아에 또 다른 부담을 얹는 것이 아닐까 하고요. 쓰면서 공부해야 할 정도로 육아가 어렵게 느껴지면 어쩌나 걱정도 되었습니다. 며칠을 '해야 할까 말아야 할까' 고민을 하다가 우연히(어쩌면 운명적으로) 제가 어린 시절 필사하던 노트를 발견했습니다. 노트를 넘겨보며 그때의 느낌이 떠올랐어요. 필사는 내가 그 책을 그냥 읽을 때와 느낌이 달랐어요. 누군가 그 책 내용을 설명해 줄 때와도 달랐습니다. 필사하는 동안에는, 내 옆에 그 책의 저자가 있는 듯했어요. 저자가 나에게 책 내용을 말해주는 것 같았습니다. 책 속의 내용이 더 쉽게 제 마음 깊숙이 와닿았어요. 필사를 하면서 저도 모르게 '아, 그렇지 그렇지' 하면서 되뇌었던 것도 같아요.

《너는 꽃이야, 별이야, 바람이야》도 여러분에게 그랬으면 좋겠습니다. 필사하는 동안, 제가 여러분 옆에서 가만히 어깨를 감싸며 오늘 하루의 고단함에 고개 끄덕여 주는 것 같았으면 합니다. 고작 몇 마디지만 마음을 알아주는 따뜻한 조언을 직접 건네주는 것 같았으면 합니다. 어떤 하루를 보냈든 필사의 시간만큼은 여러분이 따뜻하고 편안했으면 합니다.

세상은 바쁘게 돌아가고, 정보도 홍수처럼 쏟아져요. 하라는 것도 많고 하지 말라는 것도 너무 많습니다. 아이와 보낸 오늘 하루도 휘몰아치듯이 회오리바람처럼 지나갔을 거예요. 아주 잠시만, 5분도 좋고 10분도 좋습니다. 혼자만의 시간을 가져보세요. 천천히 나의 생각과 마음에 도달하는 시간이 될 것입니다.

《어떻게 말해줘야 할까》는 어떻게 말해야 아이의 마음에 도달할 수 있는지를 알려주는 책이었어요. 중요한 관계일수록 마음이 잘 전달되지 않으면, 마음이 통하지 않으면 어떤 것도 이루어지지 않습니다. 《너는 꽃이야, 별이야, 바람이야》는 내가 나의 생각과 나의 마음에 가닿는 책입니다. 필사를 하는 동안, '아, 그때 이렇게 말했어야 했구나'와 함께 '아, 그때 내 마음이 좀 이랬구나' '나는 이런 말을 못 듣고 컸구나' '나도 어릴 때 이런 말을 좀 듣고 싶었는데…' '아이와 이런 말들을 나누고 살아야 하는 거구나' 등 많은 생각들이 떠오를 거예요. 그렇게 나를 들여다보고 내 마음 깊은 곳과 만나세요. 그리고 때로는 여러분 자신에게 이 말을 건네면서 위로해 주세요. 누구도 이런 말을 다 듣고 크지는 못했을 겁니다. 아이에게 해줘야 하는 말들은 우리가 들으면서 컸어야 하는 말들이기도 해요. 한 글자 한 글자 써나가다 보면, 어느새 내 마음 깊은 곳도 따뜻하게 채워질 겁니다.

물론 필사를 하다 보면 당신이 아이에게 하는 말도 당연히 많이 좋아질 거예요. 하지만 필사를 하는 시간만큼은 아이보다 나에게 집중했으면 합니다. 위로받고 편안해지셨으면 해요. 결국 부모가 편안해져야 아이도 편안해집니다. 마음이 편안해야 말도 달라져요. 필사를 하면서 내 마음이 편안해지고 소중한 사람이 더 소중하게 느껴졌으면 합니다.

사실 필사가 쉬운 일이 아니에요. 게다가 100개입니다. 어떤 사람은 금세 해내기도 하겠지만, 어떤 사람은 상황이 여의치 않아 오래 걸릴 수도 있어요. 기간은 상관없습니다. 당신이 이 책을 선택한 이유는 내 아이를 위한 어떤 결심 때문일 거예요. 저는 올해도 아이를 위해 어떤 결심을 하는 당신이 참 대견합니다. 그 자체가 당신의 굉장히 좋은 점이에요. 필사를 하는 동안, 그런 자신을 뿌듯해하며 스스로를 많이 칭찬해 주셨으면 합니다.

모르는 길을 갈 때, 지도를 가지고 있으면 좀 덜 불안해요. 낯선 나라를 여행할 때 안내서가 있으면 어디에 가서 무엇을 봐야 할지, 어디에서는 무엇을 조심해야 할지를 알 수가 있습니다. 또 한 권의 책을 내면서 이 책이 여러분에게 그런 역할을 할 수 있기를 간절하게 바라봅니다.

오은영 드림.

차례

시작하며 • 4

1부

가만히 바라보며 새기는 마음

네가 내 아이라서 진짜 행복해 • 14 사람이 화날 때가 있지 • 16 집에 있는 장난감을 가지고 재밌게 놀자 • 18 시곗바늘이 여기까지 오면 일단 나갈 거야 • 20 운다고 다 들어줄 순 없는 거야 • 22 아이고, 예뻐라. 잘 잤어? • 24 나름 최선을 다했어, 참 잘했어 • 26 그래도 씻어야 하는 거야 • 28 빼줄게. 맛있게 먹어 • 30 다 울 때까지 기다려줄게 • 32 엄마는 너랑 같이 있을 때가 제일 좋아 • 34 너 할 말 있다는 거 알겠어 • 36 미안해할 일 아니야, 배우면 되는 거야 • 38 안 웃으니까 무서워? 혼나는 것 같아? • 40 노는 건 좋은 거야 • 42 하루 종일 엄청 보고 싶었어 • 44 어? 그런가? 갑자기 헷갈린다 • 46 조금 진정된 뒤에 그때 이야기하자 • 48 친구의 그런 면은 좋은 점이네 • 50 보기만 하는 거야 • 52

2부

미소로 품으며 새기는 마음

이제 들어가야 할 시간이야 • 60 네 거 맞아 • 62 이런 곳에서 뛰어다니면 부딪혀 • 64 소리 지르면 여기 있을 수 없어 • 66 계속 소리 지르면, 아쉽지만 집으로 갈 거야 • 68 미안해요. 가야 할 것 같아요 • 70 조용히 해주니까 훨씬 말하기 쉽네 • 72 사랑하지! 당연히 사랑하지! • 74 생각할 일이 좀 있어서 그래 • 76 오늘 하루 즐겁게 잘 보냈어? • 78 안녕, 다음에 또 보자 • 80 이제 그만 해. 너무 오래 했어 • 82 싫다고 느껴질 때도 있겠지 • 84 지금처럼 하면 안 되는거야. 이렇게 해야 하는 거야 • 86 잘하든 못하든 들려주면 행복할 것 같아 • 88 이건 좀 노력해 보자 • 90 열심히 하는 게 제일 중요한 거야 • 92 정말 미안하다, 안 할게 • 94 못 들었다면 다시 또 말해줘야지 • 96 나머지는 같이 가지고 노는 거야 • 98

3부

다정하게 부르며 새기는 마음

뭐가 잘 안 되니? • 106 들었어, 알았어, 좀 기다려 • 108 그렇게 생각했다면 기분 나빴겠네 • 110 어떤 것을 하면 좋을까? 네가 알려줘 • 112 미안, 장난이 너무 심했어 • 114 당신 참 잘 살았어 • 116 처음부터 잘하는 사람은 없어 • 118 속상할 때가 많다는 것, 잘 알고 있어 • 120 그런다고 밀면 안 되는 거야 • 122 누구도 밀면 안 되는 거야 • 124 가져가지 마. 기분 나빠 • 126 그렇지. 바로 그런 거지 • 128 설명하기가 좀 어려워? • 130 그렇게까지 짜증 낼 것은 아니지 • 132 오늘부터는 미리 골라놓자 • 134 그래도 엄마는 언제나 네가 좋아 • 136 형제라고 다 잘 맞을 순 없어 • 138 마음이 몹시 힘들고 고통스러운 거야 • 140 "나 이거 가지고 놀아도 돼?"라고 물어보는 거야 • 142 규칙을 잘 지켜야 재밌게 놀 수 있어 • 144

4부

나란히 걸으며 새기는 마음

져도 이겨도 재미있는 거야 • 152 그렇게 말하면 엄마가 좀 속상하지? • 154 힘들면 좀 쉬어야지 • 156 배고프구나. 금방 가져갈 거야 • 158 졸리는데, 잠이 안 오네 • 160 끝까지 해냈네. 그게 멋진 거야 • 162 그 친구는 그때 좀 놀고 싶지 않았나 봐 • 164 "누구랑 놀지 말자"라고 말해서는 안 돼 • 166 친구들이 많이 해도 나쁜 건 하면 안 되는 거야 • 168 걔나 너나 오늘 힘든 하루였네 • 170 뭐가 억울한지 얘기해 봐 • 172 엄마 아빠가 직접 얘기해야 할 부분이야 • 176 너는 해, 너는 달이야. 둘 다 소중해 • 178 잘하는 것은 사람마다 달라 • 180 끝나고 계속 재밌게 얘기해 보자 • 182 그 과정에 잘 참여하는 것이 중요해 • 184 모르는 문제는 틀려오는 게 좋아 • 188 씩씩하게 보고 와 • 190 나도 정말 고쳐야 하는 점이야 • 192 그 사람 말에 너무 휘둘리지 마 • 194

5부

소중히 안으며 새기는 마음

어떤 인생을 살고 싶니? • 202 화를 가라앉힐 시간이 필요해 • 204 너도 그러고 싶지는 않을 거야 • 206 너는 어떻게 해볼 생각이야? • 208 네 것이 아닌 것은 만지면 안 되는 거야 • 210 사랑했던 마음은 네 마음 안에 살아남아 있는 거야 • 212 내가 잘못한 거야. 미안하다 • 214 너를 미워하거나 싫어해서 그러는 것이 아니야 • 216 주장이 꺾이는 게 지는 것 같으면 고집이야 • 218 네가 앉았던 자리를 한번 돌아보렴 • 220 어쩔 수 없는 것도 있는 거야 • 222 미안하다고 말하는 것이 제일 좋은 방법이야 • 224 불편해도 오늘은 입어야 해 • 226 싫어도 해야 하는 것이 있어 • 228 궁금해서 물어보는 거야? 하기 싫어서 물어보는 거야? • 230 네 의견만, 감정만 중요하면 그건 무례한 거야 • 232 이제까지 너는 잘 해냈어. 이번에도 그럴 거야 • 234 맞아, 사실은 없어 • 236 올 한 해 잘 지내줘서 고맙다 • 238 너는 꽃이야, 별이야, 바람이야 • 240

1부

가만히 바라보며 새기는 마음

"널 보면 '어떻게 이런 보물이 태어났나?'
눈물이 날 정도로 행복해."

네가 내 아이라서 진짜 행복해

사람이 화날 때가 있지

집에 있는 장난감을 가지고 재밌게 놀자

시곗바늘이 여기까지 오면 일단 나갈 거야

운다고 다 들어줄 순 없는 거야

아이고, 예뻐라. 잘 잤어?

나름 최선을 다했어. 참 잘했어

그래도 씻어야 하는 거야

빼줄게. 맛있게 먹어

다 울 때까지 기다려줄게

엄마는 너랑 같이 있을 때가 제일 좋아

너 할 말 있다는 거 알겠어

미안해할 일 아니야. 배우면 되는 거야

안 웃으니까 무서워? 혼나는 것 같아?

노는 건 좋은 거야

하루 종일 엄청 보고 싶었어

어? 그런가? 갑자기 헷갈린다

조금 진정된 뒤에 그때 이야기하자

친구의 그런 면은 좋은 점이네

보기만 하는 거야

chapter 1

네가 내 아이라서 진짜 행복해

아이를 사랑하는 마음, 숨기지 마세요. 고백하세요. 잠에서 깨어 부스스 눈뜬 아이를 지그시 보다가 고백해 보세요. 아이가 평생 기억합니다.

○○이가 내 딸(아들)이라서 진짜 너무 좋아.
사랑한다.
엄마(아빠)는 널 보면 '어떻게 이런 보물이 태어났나?'
눈물이 날 정도로 행복해.

오늘의 마음

date . .

chapter 2

사람이 화날 때가 있지

마음이 크고 단단한 아이로 키우려면 첫 단계가 마음을 수긍해 주는 거예요. 네가 그렇게 느낄 만하다고 인정해 주는 겁니다. 두 번째 단계는 수용이에요. 아이의 마음 상태를 부정하지 않는 겁니다. 세 번째 단계는 지침을 주는 거예요. 자기 조절을 가르칠 수 있어요. (chapter 3와 이어집니다.)

사람이 화날 때가 있지. **(수긍)**

네가 지금 화난 것은 알겠어. **(수용)**

그렇다고 던지면 안 되는 거야. **(지침)**

"나 화나, 속상해"라고 말해. **(현명한 선택)**

chapter 3

집에 있는 장난감을 가지고 재밌게 놀자

마음이 크고 단단한 아이로 키우는 네 번째 단계는 아이가 현명한 선택을 할 수 있도록 돕는 거예요. 아이에게 "어떻게 하면 좋을까?"라고 물어줘서 아이가 스스로 생각해 보게 할 수도 있고, 부모가 좋은 방향에 대해서 알려줄 수도 있어요. 이 과정에서 현명한 선택을 해보게 해주세요.

아이들은 장난감이 많아도 보면 또 사고 싶지. **(수긍)**

사고 싶은데 안 사준다고 하니까 속상한 건 알겠어. **(수용)**

그런데 보는 것마다 사줄 수는 없는 거야. **(지침)**

집에 있는 장난감을 가지고 재밌게 놀자. **(현명한 선택)**

chapter 4

시곗바늘이 여기까지 오면 일단 나갈 거야

문제 상황에서는 잠깐 말과 행동을 멈추고 '지금 이 상황에서 아이에게 가장 중요하게 가르쳐야 할 것은 무엇인가'를 생각하세요. 딱 한 가지만 목표를 정하세요. 오늘은 그것만 가르치면 됩니다. 나머지는 또 다른 날 가르치면 돼요.

○○이가 옷을 다 입든 입지 않았든
시곗바늘이 여기까지 오면 일단 나갈 거야.
다 못 입었으면 차에서 마저 입자.

chapter 5

운다고 다 들어줄 순 없는 거야

안 되는 것은 안 된다고 말해줘야 합니다. 울어도, 떼써도 들어줄 수는 없다고 가르쳐야 해요. 다양한 상황이 있을 겁니다. 그럴 때는 "~한다고 ~할 수는 없는 거야"라는 공식을 기억하세요.

네가 하고 싶은 대로

바로 안 들어주면 속상하지.

그 마음은 알아. 눈물도 나겠지.

그런데 운다고 해서 다 들어줄 수는 없는 거야.

좀 기다려.

오늘의 마음

date . .

chapter 6

아이고, 예뻐라. 잘 잤어?

가족들에게 아침인사 하시나요? 하루를 시작하는 시간입니다. 아이와 눈을 맞추고, 가족의 얼굴을 보며 사랑을 담뿍 담은 인사를 해보세요. 아이도 부모도 기분 좋은 아침을 만들 수 있습니다.

○○아,

(토닥토닥 해주면서) 아침이야. 일어나야지?

잘 때도 예쁘고, 헝클어진 머리도 예쁘고,

침을 흘려도 예쁘고….

아이고, 예뻐라~

(아이 귀에 속삭이듯) 잘 잤어?

(쭉쭉이를 해주며) 밤사이 우리 아들(딸) 많이 컸네.

chapter 7

나름 최선을 다했어, 참 잘했어

사실 부모도 아이를 지극히 사랑하는 마음을 품고 끊임없이 시행착오를 겪으면서 아이와 함께 성장하는 존재일 뿐입니다. 잠들기 전, 당신 자신에게 이 말을 꼭 들려주세요. 오늘도 고생 많으셨습니다.

오늘 많이 힘들었지?

하지만 나름 최선을 다했어.

최선을 다한 오늘 나를 칭찬해.

참 잘했어.

chapter 8

그래도 씻어야 하는 거야

아이를 씻길 때마다 목소리가 높아지는 분들이 있습니다. 그 상황에 필요한 말만 하세요. 불필요한 말을 지나치게 많이 주고받다 보면 서로 에너지가 너무 많이 소모돼요.

그래도 씻어야 하는 거야.

엄마(아빠)가 도와줄게.

씻으니까 시원하다~ 반짝반짝한데?

잘했어.

오늘의 마음

date . .

chapter 9

빼줄게. 맛있게 먹어

콩 싫어하는 아이들, 많지요. 빼주셔도 돼요. 먹는 것이 맛있다고 느껴야 다음번에 싫은 음식도 한번 시도해 볼 마음이 생깁니다. 무섭게 혼내고 억지로 먹이면 아이는 그 음식을 더 싫어하게 될 수도 있어요.

그래,

오늘은 콩을 빼줄게.

마음 편하게 맛있게 먹어.

사실 콩도 먹다 보면 맛있어.

chapter 10

다 울 때까지 기다려줄게

"왜 짜증을 내는데?" "뚝! 도대체 왜 울어?"라고 묻지 마세요. 감정은 그 사람만의 고유한 영역이에요. 그냥 그렇게 느끼고 표현하는 것뿐이에요. 가만히 지켜봐 주세요. 좋게만 말해줘도 아이들은 많이 진정됩니다.

아이고, 자꾸 눈물이 나오는구나.

울음이 나올 때가 있지. 일단 실컷 울어.

다 울 때까지 기다려줄 거야.

다 울고 나면 그때 이야기하자.

가까운 사람은 말을 안 해도 내 마음을 알 거라고 생각해요. 그런데 말하지 않으면 누구도 몰라요. 미안하면 미안하다고, 고마우면 고맙다고 말해보세요. 이 짧은 말만 잘해도, 부부 사이 서운함이 정말 많이 줄어듭니다.

정말 미안해.

진짜 고마워.

좀 부탁해.

chapter 11

엄마는 너랑 같이 있을 때가 제일 좋아

아이가 "나는 엄마가 회사에 안 갔으면 좋겠어!"라고 하면서 울어요. 그럴 때 너무 심각해지지 마세요. 아이는 어릴수록 자신이 부모에게 최우선이 되고 싶어 해요. 부모가 자신을 조건 없이 사랑하기를 원합니다. 그 마음의 눈높이에 맞춰서 따뜻하게 대답해 주세요.

엄마 마음도

하루 종일 너랑 같이 있었으면 좋겠어.

엄마는 일하러 나가는 것보다

너랑 같이 있는 때가 제일 좋아.

근데 나가서 일도 해야지.

chapter 12

너 할 말 있다는 거 알겠어

통화할 때 꼭 뭘 해달라고 하면서 방해하는 아이들이 있어요. 그런데 아이는 어리기 때문에 자기 입장에서만 세상을 봅니다. 부모를 방해하고 싶어서 그런 것은 아니에요.

그래, 알겠어.

너 할 말 있다는 거 알겠어.

엄마(아빠)가 네 말을 잘 들어줄 거야.

지금 전화 통화 중이니까 끝날 때까지 기다려줄래?

통화는 금방 끝날 거야.

오늘의 마음

date . .

chapter 13

미안해할 일 아니야, 배우면 되는 거야

아이를 키우면서, 아이가 부모에게 "미안해요. 잘못했어요. 용서해 주세요"라고 말할 상황은 사실 없어요. 부모가 "이번만 용서해 줄게"라고 대답할 상황도 당연히 없습니다. 아이는 몰라도 가르치고, 실수해도 가르치고, 잘못해도 가르쳐야 하니까요.

이건 네가 미안해할 일이 아니야.

배우면 되는 거야.

몰라서 배우고, 실수하면서 배우고

이렇게 배우면 되는 거지.

chapter 14

안 웃으니까 무서워? 혼나는 것 같아?

부모가 훈육을 하는데 아이가 부모 눈을 자꾸 피할 때가 꽤 많지요. 이럴 때 "엄마 눈 보세요. 눈!"이라고 말하지 마세요. 생각보다 무서워합니다. 아이는 부모의 표정이나 목소리 톤이 감당하기 힘든 거예요. 무서우면 배우지 못합니다.

엄마가 안 웃으니까 좀 무서워?
혼나는 것 같아?
그런 건 아니야.
이건 네가 꼭 배워야 하는 중요한 거거든.
그래서 막 웃으면서 말할 수는 없는 거지.
잘 들어봐. 엄마가 잘 가르쳐줄게.

chapter 15

노는 건 좋은 거야

아이가 부모에게 놀아달라고 말하는 건, 시간을 같이 보내고 싶다는 의미예요. 자신이 가장 좋아하고 사랑하는 부모와 무언가를 공유하고 교감하면서 자신을 좀 진정시키고, 스트레스도 해소하고, 즐거움을 얻고 싶다는 말이에요.

엄마도 너랑 노는 게 좋아.

노는 건 좋은 거야. 재미있지.

조금만 기다려.

같이 놀자.

chapter 16

하루 종일 엄청 보고 싶었어

어떤 분이 "저는 원래 그런 말투가 아니에요"라고 하셨어요. 그런데요, 원래 그런 것은 없어요. 부모는 부모에 맞게 말투를 바꿔야 합니다. 사랑하기 때문에, 부모라서 가능한 일이에요.

○○아, 오늘 어떻게 지냈어?
아빠(엄마)는 하루 종일 우리 ○○이가 엄청 보고 싶었어.
뭐 하나 궁금했지.
네가 보고 싶어서 아빠(엄마)가 막 달려왔어.

chapter 17

어? 그런가? 갑자기 헷갈린다

아이가 새로 알게 된 좀 어려운 지식을 자랑해요. 그런데 좀 잘못 알고 있는 것 같아요. 그럴 때 너무 핀잔주지 마세요. 시간이 지나면 부모와 나누었던 대화는 느낌만 남아요. 내용은 잘 기억나질 않습니다.

어? 그런가?
어디서 배웠어?
으음…. 아는 게 점점 많아지네.
네가 아니라고 하니까 갑자기 헷갈린다.
같이 다시 한번 찾아보자.

오늘의 마음

date . .

chapter 18

조금 진정된 뒤에 그때 이야기하자

아이가 흥분해 있을 때는 부모가 먼저 물러나세요. 져주라는 뜻이 아니에요. 물러나서 아이가 스스로 진정을 하고 그 상황을 안전하게 느끼게 만들어주라는 의미입니다.

기분이 안 좋으면 이야기가 좀 안 되겠지?
이거는 꼭 너랑 이야기를 나눠야 하는 거야.
지금은 좀 아닌 것 같으니까
조금 진정된 뒤에 그때 이야기하자.

chapter 19

친구의 그런 면은 좋은 점이네

부모가 봤을 때 아이 친구에게 문제가 좀 있는 것 같아요. 그렇더라도 아이 앞에서 친구를 흉봐서는 안 됩니다. 우선 아이에게 그 친구의 어떤 면이 좋으며 어떤 이유로 친하게 지내는지 물어보세요.

네 말을 들어보니,
그 친구의 그런 면은 좋은 점이네.
그런데 이런 면은 문제가 좀 있는 것 같아.
친하게 지내다 보면 영향을 받을 수가 있지.
문제 있는 점은 네가 영향을 안 받았으면 좋겠다.

chapter 20

보기만 하는 거야

남의 집에 놀러 가면 아이들은 궁금한 마음에 그 집 장식품을 만지기도 합니다. 그럴 때는 “보기만 하는 거야”라고 가르쳐주세요. 그래도 손대려고 하면 아이 손을 살짝 잡고 “보기만 하는 거야” 하면서 한 번 더 강조해 주세요.

만져보고 싶지?
그런데 이건 우리 것이 아니니까.
그리고 아줌마가 굉장히 소중하게 생각하는 것이니까,
망가지면 안 되겠지?
보기만 하는 거야. 보는 건 괜찮아.

오늘의 마음

date . .

오늘의 마음 회신

지속 가능한 육아를 위한 부모의 안정감, 둥그런 방법들

아이를 잘 키우는 데 필요한 것은 죄책감이 아니라 부모의 안정감이에요. 양육에서의 최선은 완벽이 아니에요. 부모가 마음의 안정감을 유지하면서 아이에게 한 번이 아니라 지속적으로 일관되게 제공할 수 있는 선, 부모가 감당할 수 있는 선이 최선입니다. 아이가 어려움을 가지고 있든, 질병이 생겼든 부모는 그 아이를 잘 키워나가야 해요. 부모는 아이가 가진 어려움으로 인해 발생하는 여러 가지 일을 잘 대처해 나가야 합니다. 그 과정에서 아이의 내면에도 힘이 생기도록 부모는 잘 도와야 해요. 그런데 너무 많은 죄책감은 아이를 돕는 것을 방해합니다. 죄책감을 느끼는 데 너무 많은 에너지를 쓰게 되기 때문이지요.

저는 아이의 질병으로 부모가 죄인이 되지 않았으면 좋겠습니다. 어떤 질병이든 전문의랑 상의하면 좀 나아져요. 질병에 따라서는 완전히 해결이 되는 것도 있고, 어떤 것은 평생 가지고 가야 하는 것도 있습니다. 하지만 그럼에도 어려움을 이해하면서 상태를 호전시키면서 살아가는 데 많은 도움을 받을 수 있지요. 혹여 아이가 명확한 진단명이 있는 질병이 있다면 조금 더 지켜보세요. 그리고 전문가를 믿고 치료를 받으면서 그 안에서 부모가 해야 할 일만 생각하세요.

모든 부모는 아이를 진짜 사랑합니다. 정말 잘 키우고 싶어 합니다. 그래서 때로는 작은 티끌도 없는 완벽한 사랑을 주고 싶어 하지요. 나의 사랑이 완벽함에 못 미치는 것 같으면 죄책감이 생기기도 합니다. 아이를 보면서 미안해져요. 그런데 완벽한 사랑을 기준 삼으면 양육은 너무 두렵고 부담스러워집니다. 늘 말씀드리지만, 완벽한 사람은 없어요. 부모 또한 사람입니다. 완벽할 수 없어요. 아이를 완벽하게 잘 키우는 것을 목표로 삼지 마세요. 그보다는 마음이 편안한 아이로 키우는 것을 목표로 삼아주세요.

아이의 마음도 편안해야 하지만, 그 아이를 키우는 부모 자신의 마음도 편안해야 합니다. 그래야 지속 가능한 육아를 할 수 있어요. 한 방울의 힘까지 다 끌어다 써서 육아를 완벽하게 하려고 하면 오래 할 수 없습니다. 육아는 며칠하고 끝나는 것이 아니라 아이와 함께

하는 긴 여정이니까요. 그래서 열심히 하더라도 꽤 오랜 시간 지속 가능한 선이 중요합니다. 부모도 그 안에서 안정감을 가질 수 있어야 하니까요.

아이를 키우다 보면 걱정거리들이 생겨서 마음이 불안해지기도 합니다. 내가 뭔가 잘못한 것 같아 죄책감이 느껴지기도 하고, 아이를 잘못 키운 것 같아 두려워지기도 해요. 많은 부모들이 그렇습니다. 그럴 때는 혼자 고민하지 말고 주변과 상의하고 마음을 나누세요. '상대가 내 마음을 알까? 나의 고민을 이해나 할까?'라는 생각이 들기도 할 겁니다. 그런데 마음을 나누고 상의를 하면 생각보다 상대방이 그리 건성으로 듣지 않아요. 내가 진심으로 이야기하면 상대도 진심으로 듣습니다. 정답이 아니더라도 자기 나름대로 진심을 이야기해 줍니다.

다른 사람에게 나의 걱정을 말한다고 뾰족한 수가 생기지는 않습니다. 그러나 언제나 둥그런 방법들은 있어요. 인생을 살아가다 보면, 딱 맞는 정답만 필요한 것이 아닙니다. 아이를 키울 때는 더더욱 그래요. 다양한 둥그런 방법들이 더 요긴한 경우가 많습니다. 아니, 둥

그런 방법들이 결국에는 아이나 나에게 안정감을 주는 경우가 많아요. 완벽한 육아를 하기 위해서 '뾰족한 수'를 찾아 헤매지 마세요. 내 가까이에 있는, 나를 아끼는 사람들의 둥그런 방법들을 들으세요. 둥그런 방법들이 겹겹이 쌓여가다 보면, 어느새 내 아이만을 위한 유연한 육아를 하고 있을 겁니다.

2부

미소로 품으며 새기는 마음

"물어볼 필요도 없지! 사랑하지! 당연히 사랑하지!
하늘만큼 땅만큼 사랑하지!
너무 너무 사랑하지!"

이제 들어가야 할 시간이야

네 거 맞아

이런 곳에서 뛰어다니면 부딪혀

소리 지르면 여기 있을 수 없어

계속 소리 지르면, 아쉽지만 집으로 갈 거야

미안해요. 가야 할 것 같아요

조용히 해주니까 훨씬 말하기 쉽네

사랑하지! 당연히 사랑하지!

생각할 일이 좀 있어서 그래

오늘 하루 즐겁게 잘 보냈어?

안녕, 다음에 또 보자

이제 그만 해. 너무 오래 했어

싫다고 느껴질 때도 있겠지

지금처럼 하면 안 되는 거야. 이렇게 해야 하는 거야

잘하든 못하든 들려주면 행복할 것 같아

이건 좀 노력해 보자

열심히 하는 게 제일 중요한 거야

정말 미안하다. 안 할게

못 들었다면 다시 또 말해줘야지

나머지는 같이 가지고 노는 거야

chapter 21

이제 들어가야 할 시간이야

실컷 놀고도 아이는 더 놀고 싶다고 떼를 씁니다. 이럴 때 설명하다가 혼내지 마시고, 간단하게 말하고 지침만 알려주세요. 그리고 "내일 또 와서 놀자" 하면서 아이를 바짝 품에 안고 집으로 들어가면 됩니다.

오늘 재미있었어?
엄청 재밌게 놀았다. 그치?
더 놀고 싶은 마음은 아는데,
이제 들어가야 할 시간이야.
자, 일어나. 가자.

오늘의 마음

date . .

chapter 22

네 거 맞아

동생을 돌보는 것, 양보하는 것, 서로 나누며 사이좋게 지내는 것, 모두 다 맞는 말이에요. 그런데 가르치는 순서가 중요해요. 가장 먼저 가르쳐야 하는 개념은 바로 '소유'입니다. 누구의 것인지를 먼저 확인하고 소유를 인정해 주세요.

(오빠에게) 이거 원래 누구 거야?

(조금 기다렸다가) 그렇지. 이거 원래 네 거지. 네 거 맞아.

(동생에게) 이거 오빠 거야.

오빠가 지금 가지고 놀든 안 가지고 놀든

이거 오빠 거 맞아.

오빠 거니까 네가 빌려달라고 말해봐.

(오빠에게) 빌려줄 수 있으면 빌려주고

빌려줄 수 없는 것이면 잘 챙기렴.

chapter 23

이런 곳에서 뛰어다니면 부딪혀

아이가 사람 많은 장소에서 막 뛰어다녀요. 그럴 때 "너 저기 할아버지가 이놈, 하신다!" "할아버지, 얘 좀 혼내주세요"라고 하지 마세요. 지침을 주고, 그래도 뛰면 얼른 가서 아이 손을 꼭 붙잡고 데리고 오세요. 원칙은 다른 사람이 있든 없든 지켜야 하는 것입니다.

뛰면 안 돼.
봐, 사람이 많지?
이런 곳에서 뛰어다니면 부딪혀.
위험해.
뛰면 안 되는 거야.

오늘의 마음

date . .

chapter 24

소리 지르면 여기 있을 수 없어

공공장소에서 계속 소리를 지르면 아이를 데리고 나와야 해요. 부모의 단호함을 보여주기 위한 것만은 아닙니다. 어린아이들은 언어적 개념이 아직 다 발달하지 않아서, 지침을 준 뒤 지키지 않으면 행동으로 보여줘야 '아, 이렇게 하면 안 되는구나' 하고 깨닫거든요.

소리 지르면 안 돼.

여기는 여러 사람이 있는 곳이야.

그래서 소리를 지르면 안 되는 거야.

네가 소리 지르면 여기 있을 수 없어.

가야 해. 갈 거야.

chapter 25

계속 소리 지르면, 아쉽지만 집으로 갈 거야

아이들은 어릴수록 불특정 다수가 모여 있는 곳에서는 각성조절이 잘 안 돼서 흥분하기도 해요. 평소보다 목소리가 커지고, 소리를 지르고, 행동량이 훨씬 더 많아지고 산만해집니다. 아이들은 원래도 어릴수록 가만히 앉아 있지 못해요. 움직이고 뛰려고 하는 게 당연해요. 하지만 그런 면을 이해하더라도 공공장소에서는 질서를 지켜야 하는 것을 가르쳐야 하겠지요.

신나고 재미있는 건 알겠는데,

우리만 있는 것은 아니니까

너무 시끄럽게 하면 안 되는 거야.

그때그때 엄마가 좀 조심하라고 알려는 줄 텐데,

그래도 계속 소리 지르면, 아쉽지만 집으로 갈 거야.

chapter 26

미안해요. 가야 할 것 같아요

여러 아이들과 같이 놀 때 유독 우리 아이가 말을 안 들을 때가 있어요. 참 난감하지요. 좀 불편하더라도 다른 부모들을 개의치 않고 아이에게 일관되게 행동해야 합니다. 그래야 아이가 '아, 어떤 상황에서라도 지켜야 하는 것은 지켜야 하는구나'를 배워요. 단, 그런 자리에서 아이를 사람들 앞에서 깎아내리거나 무섭게 혼내지 마세요.

미안해요.
아이가 소란을 피우면 가겠다고
미리 말했기 때문에 가야 할 것 같아요.
다음에는 제가 커피 살게요.

오 늘 의 마 음

date . .

chapter 27

조용히 해주니까 훨씬 말하기 쉽네

크게 말하는 것이 버릇인 아이들이 있어요. 그럴 때는 오히려 더 작게 말해보세요. 그러면 아이의 목소리도 덩달아 작아집니다. 말은요, 부모를 정말 많이 닮아요. 가장 많이 듣기에 가장 많이 닮습니다.

네가 조용히 해주니까
엄마가 훨씬 말하기 쉽네.
고마워.
이제 이야기를 해볼까?

chapter 28

사랑하지! 당연히 사랑하지!

아이가 느닷없이 "나 사랑해요?"라고 물을 때가 있어요. 그럴 때 "왜 그런 생각을 해?"라고 묻지 마세요. 이유가 무엇이든 간에 그냥 환하게 웃으며 확실하게 화끈하게 대답해 주세요.

물어볼 필요도 없지!

사랑하지! 당연히 사랑하지!

하늘만큼 땅만큼 사랑하지!

너무 너무 사랑하지!

chapter 29

생각할 일이 좀 있어서 그래

아이는 엄마의 얼굴이 어둡거나, 표정이 없거나, 화가 난 것 같으면 "엄마, 나 때문에 화났어요?"라고 묻기도 해요. 그럴 때 그냥 "아니"라고 대충 넘어가지 마세요. 아이는 계속 '화난 것 같은데?'라고 신경을 씁니다. 분명하게 이유를 말해주는 것이 좋아요.

엄마가 생각할 일이 좀 있어서 그래.
너하고는 상관없어. 걱정하지 마.
(아이는 또 '나한테 화난 것 같은데?'라고 말하기도 해요)
그럴 일도 없지만
너 때문에 화가 났으면 그때는 엄마가 말해줄게.
엄마가 말 안 하면
네가 걱정할 필요는 없는 거야.

chapter 30

오늘 하루 즐겁게 잘 보냈어?

부모는 아이가 눈앞에 보이지 않는 시간이 참 궁금합니다. 아무리 궁금한 마음이 앞서도 부모가 걱정하는 그것을 콕 집어 묻지 마세요. 아이가 편하고 즐겁게 말할 수 있도록 해주세요.

○○아, 오늘 하루 즐겁게 잘 보냈어?
엄마는 오늘 이러저러한 일이 있었어.
너는?
궁금하네. 얘기 좀 해봐.
무슨 재밌는 일이 있었나?
친구들은 오늘 어땠나?

오늘의 마음

date . .

chapter 31

안녕, 다음에 또 보자

손님이 집에 왔다 가는데 아이가 인사를 안 할 때가 있어요. 아이들은 쑥스러워서 인사를 안 하거나 타이밍을 못 잡아서 인사를 못 하기도 합니다. 이때 "너는 인사도 못 하니?" 하며 면박하지 않았으면 해요. 어른이 먼저 인사해 주세요.

만나서 반가웠어.

안녕, 잘 있어(잘 가). 다음에 또 보자.

다음에 만날 때, 아줌마 잘 기억해 줘.

아버지가 돌아가시기 전에 유언처럼 말씀하셨어요.
제 이름을 나지막이 부르시면서 "은영아, 너 같은 딸을 낳아서
나는 너무 자랑스러웠다. 너무 행복했다. 사랑한다.
여한이 없다"라고요. 나라는 사람 자체가 자랑스럽고
당신이 행복하셨던 이유라니….
저는 마지막까지 아버지께 큰 선물을 받았습니다.

너 같은 아들(딸)을 낳다니.
나는 네가 너무 자랑스러워.
엄마(아빠)는 네 덕분에 너무 행복해.
사랑해.

chapter 32

이제 그만 해. 너무 오래 했어

요즘 아이들을 '디지털 네이티브 세대'라고도 해요. 그래서 디지털 기기 사용을 완전히 막을 수는 없어요. 여기서 중요한 것은 조절을 배우게 하는 겁니다. 디지털 기기를 사용하거나 미디어 콘텐츠를 보는 것 자체가 문제가 아니라 너무 오래 사용하거나 너무 많이 보는 게 문제이지요.

이제 그만 해. 너무 오래 했어.

그냥 뒹굴거려도 되고, 누워서 쉬어도 되고,

다른 걸 좀 해.

엄마(아빠)랑 놀아도 좋고,

밖에 나가도 좋고.

오늘의 마음

date . .

chapter 33

싫다고 느껴질 때도 있겠지

아이가 동생이 밉다고 말해요. "너 그런 말 하면 안 돼. 그런 말 하는 사람은 나쁜 사람이야"라고 혼내지 마세요. 감정을 말했는데 야단을 맞으면 다음부터는 아이가 마음을 솔직하게 털어놓지 않을 수 있어요.

동생이 귀여울 때도 있지만

언제나 예쁘기만 하겠니?

싫다고 느껴질 때도 있겠지.

지금은 동생에게 미운 마음이 든다는 거지?

지금 네 마음은 알겠어.

chapter 34

지금처럼 하면 안 되는 거야. 이렇게 해야 하는 거야

부모가 흔히 하는 실수가 있어요. 아이의 문제 행동을 지적하고는 정작 어떻게 하는 것이 올바르고 바람직한 방법인지 가르쳐주지 않는 겁니다. 그러면 아이는 비슷한 상황에 다시 놓였을 때 똑같은 잘못을 반복할 수 있어요.

너, 지금처럼 하면 안 되는 거야.

그럴 때는 이렇게 해야 하는 거야.

이걸 배우는 게 중요하지.

다음에는 이렇게 하렴.

chapter 35

잘하든 못하든
들려주면 행복할 것 같아

피아노를 한번 쳐보라는데, 아이는 못 하겠다고 자꾸 고개를 저어요. 어떠한 야단도, 비난도 하지 마세요. 실망한 표정도 짓지 마세요. 이럴 때 필요한 것은 부모의 '불안'이 아니라 '너그러움'입니다. 아이의 자신감에는 부모의 인정, 지지, 격려가 중요해요.

갑자기 하라고 하면
당황스럽고 어색할 수 있지.
네가 잘하든 못하든 한 곡 들려주면
엄마 아빠는 엄청 기쁘고 행복할 것 같아.
다음에 우리 그런 행복한 시간 가져보자.

오늘의 마음

date . .

chapter 36

이건 좀 노력해 보자

부모는 아이의 미숙한 면을 가장 많이 보는 사람이에요. 그 면을 족족 비난하지 마세요. 사람은 잘하는 것도 있고, 못하는 것도 있습니다. 못하는 것은 자신이 불편하지 않을 정도로 고쳐가며 살면 되는 거예요.

아들(딸), 이리 좀 와봐.

(어질러진 방을 한 발 떨어져서 보게 합니다)

너무 어질러져 있지?

어쩌다 한번 그러면 엄마가 얘기 안 하는데

늘 너무 심한 것 같아.

우리 아들(딸)이 잘하는 것도 많지.

근데 유난히 정리정돈은 잘 안 되는 것 같아.

이건 좀 노력해 보자.

chapter 37

열심히 하는 게 제일 중요한 거야

성적이 안 나왔다고 공부를 열심히 하지 않은 것이 아닙니다. 열심히 했다면 아는 것이 많아졌을 거예요. 실력이 좀 늘었을 겁니다. 힘든 것을 견뎌내는 힘이 더 강해졌을 거예요. 그래서 열심히 했다면 그걸로 충분합니다.

열심히 했다면 자부심을 느껴도 돼.
그게 제일 중요한 거야.
열심히 한 건 잘한 거야.
다만 성적이 잘 안 나왔을 뿐.
성적이 잘 나오면 고마운 것이고,
성적이 안 나와도 열심히 하는 것을 통해서
굉장히 많은 것을 배울 수 있어.
너도 단단해질 수 있어.
열심히 했다면 잘 해낸 거야.

chapter 38

정말 미안하다, 안 할게

부모는 그럴 의도가 아니더라도, 아이가 싫다고 하면 하지 않는 게 맞아요. 내가 나쁜 의도로 한 행동이 아니어도 상대가 싫어하면 하지 않는 게 그 사람을 존중하는 겁니다.

어어어, 미안 미안.

네가 싫다는 것을 해서 정말 미안하다.

네가 싫다면 안 할게.

아유, 아빠(엄마)는 네가 좋아서 그랬는데

네가 싫다면 당연히 하지 말아야지.

chapter 39

못 들었다면 다시 또 말해줘야지

분명 여러 번 말해줬는데, 아이가 들은 적 없다고 말합니다. 그럴 때 "뭘 못 들어? 분명히 말했는데?" 하면서 화내지 마세요. 그러면 원래 하려던 말은 하지도 못하고 아이와 서로 말꼬리를 잡는 싸움만 하게 돼요.

못 들었어? 여러 번 말해주긴 했는데….

못 들었다면 다시 또 말해줘야지.

중요한 거니까.

잘 들으렴.

chapter 40

나머지는 같이 가지고 노는 거야

자기 장난감을 친구와 나누는 것을 힘들어하는 아이, 무조건 욕심쟁이는 아닙니다. 욕심보다는 불안해서 그러는 아이가 더 많아요. 불안이 심한 아이는 자신과 남 사이 경계선이 매우 중요해요. 친구와 어울려 노는 즐거움을 알게 하려면 '아이의 경계선'부터 존중해 주세요.

친구가 우리 집에 놀러 오면
장난감도 같이 가지고 재밌게 노는 거야.
너무 소중해서 그러고 싶지 않은 게 있니?
그건 미리 잘 치워둬.
나머지는 같이 가지고 노는 거야.
갈 때는 당연히 두고 가지. 걱정하지 마.

오늘의 마음

date . .

오늘의 마음 회신

아이의 문제가 '부모 때문'이라는 말에 가슴이 무너져 내릴 때

한 엄마가 아이 문제로 상담을 다녀왔어요. 그곳에서 엄마는 부모가 아이를 많이 사랑해 주지 않은 탓이라는 말을 들었답니다. 엄마는 심한 자책감으로 무기력해져 있었어요. 이런 이야기를 들을 때마다 마음이 너무 아픕니다. 세상에 아이를 사랑하지 않는 부모가 어디 있을까요? 아이가 나 때문에 문제가 생겼다는 말에 가슴이 무너져 내리지 않는 부모가 얼마나 있을까요? 아이는 타고난 것과 길러진 것의 합이에요. 타고난 부분에 상당히 어려움이 있는 아이도 있고, 부모가 애를 써도 아이 자체가 굉장히 키우기 어려운 경우도 있습니다.

특히 아이가 가지고 있는 아주 심각한 문제들은 부모가 원인이 아닌 경우가 많아요. 그럼에도 불구하고 많은 전문가들은 아이의 문제에 있어서 '부모'를 강조합니다. 아이에게 부모가 너무나 중요한 사람이라서 그래요. 부모는 아직 어린아이를 보살피고 가르치고, 매일

매일 아이의 문제를 가장 많이 대해야 하는 사람이기 때문에 그렇습니다. 또 아이의 문제를 잘 파악하고 이해하고, 어떻게 해야 하는가를 잘 배우면, 아이의 변화를 가장 많이 이끌어낼 수 있는 사람이라서 그렇습니다.

모든 부모는 아이에게 영향을 줘요. 모든 아이는 부모가 준 영향에 반응합니다. 서로 다른 인간이기 때문에 그럴 수밖에 없어요. 그렇기 때문에 아이가 무언가로 많이 힘들어한다면 혹시나 그 힘들어하는 부분에 부모가 준 영향은 없는지 점검해 봐야 해요. 하지만 이 모든 것이 부모 탓은 아닙니다.

'부모 때문'이라는 말에 너무 괴로워 반성이 지나쳐 자책과 죄책감에 빠지는 부모가 있어요. 아이의 문제에 부모가 끼친 영향이 하나도 없을 수는 없겠지만 그 영향이 원인의 100퍼센트는 아닙니다. 정말 문제가 많은 부모는 여전히 아이의 문제가 자기로부터 왔다는 것을 이해하지 못하는 경우가 너무나 많아요. 그런 부모는 아이의 문제를 개선하기 위해 상담을 받으러 가지도 않습니다. 아이 문제로 병원이든 상담실이든 문을 두드리는 부모는 굉장히 훌륭한 사람들이에요.

아이에게 문제가 있을 때, 그 부모에 대해서 '절대적인 부모의 사랑' '좋은 부모' '모성애'를 논하지 않았으면 합니다. (물론 학대하는 부모는 다른 범주입니다. 이 글은 일반적인 부모에 해당합니다.) 왜냐하면 근본적으로 부모는 자식을 사랑해요. 모두 나름의 방식으로 아이를 무척 사랑합니다. 사랑하지만 부모도 불완전한 인간이기에 그 사랑 또한 그 불완전함을 통해 표현됩니다. 그래서 사랑을 해도 실수를 하고, 잘 모르기 때문에 아이에게 좋지 않은 영향을 주기도 해요. 이런 인간이 가진 불완전함에 '온전한 사랑' '절대적인 모성애'의 잣대를 들이대면 부모는 두 손 두 발 다 들 수밖에 없습니다. 그러면 아이의 문제는 더 해결하기 어려워져요.

어떠한 문제를 가진 아이라도 필요한 것은 부모의 역할이지요. 그리고 부모가 나아가야 할 방향입니다. 아이를 잘 파악해서 혹은 부모 자신을 잘 파악해서, 부모가 어떻게 해야 하는지 명확하게 알아가는 것이 중요합니다. 일반화할 수는 없지만 대체로 반성할 줄 아는 부모는 아이의 문제에 있어서 그래도 희망적이에요. 반성하는 마음으로 본인이 조금만 바뀌면 아이는 정말 많이 좋아지거든요. 부모가 많이 바뀌면 아이에게는 기적이 일어납니다. 아이가 어릴수록 더욱 그렇습니다. 그래서 부모는 중요한 사람인 거예요. 아이를 끝까지 사랑으로 최선을 다해서 키울 사람은 '부모'입니다. 하나라도 개선해 보려고 문턱을 넘고, 문을 두드린 것, 육아와 관련된 이런 글들을 찾아서 읽어보는 것. 우리 부모들 안에 있는 엄청난 사랑입니다. 꼭 기억하셨으면 합니다.

3부

다정하게 부르며
새기는 마음

"엄마 아빠는 정말 너를 아끼고 사랑해.
언제나 네 옆에 있단다."

뭐가 잘 안 되니?

들었어, 알았어, 좀 기다려

그렇게 생각했다면 기분 나빴겠네

어떤 것을 하면 좋을까? 네가 알려줘

미안, 장난이 너무 심했어

당신 참 잘 살았어

처음부터 잘하는 사람은 없어

속상할 때가 많다는 것, 잘 알고 있어

그런다고 밀면 안 되는 거야

누구도 밀면 안 되는 거야

가져가지 마. 기분 나빠

그렇지. 바로 그런 거지

설명하기가 좀 어려워?

그렇게까지 짜증 낼 것은 아니지

오늘부터는 미리 골라놓자

그래도 엄마는 언제나 네가 좋아

형제라고 다 잘 맞을 순 없어

마음이 몹시 힘들고 고통스러운 거야

"나 이거 가지고 놀아도 돼?"라고 물어보는 거야

규칙을 잘 지켜야 재밌게 놀 수 있어

chapter 41

뭐가 잘 안 되니?

뭔가 잘 안 돼서 아이가 짜증을 낼 때가 있어요. 그럴 때 혼내지 마시고 자상하게 말해주세요. 마구 화내던 아이가 당장 얌전해지지는 않지만 작게라도 "네"라고 대답합니다.

뭐가 잘 안 되니?

아빠(엄마)가 도와줄까? 같이 해보자.

놀다가 잘 안 되면 기분이 좀 안 좋을 순 있지.

그렇다고 장난감을 던지면 안 되지.

기분 나쁘다고 던지면 안 되는 거야.

chapter 42

들었어, 알았어, 좀 기다려

동생에게 수유 중인데 큰아이가 수납장 위에 장난감 상자를 꺼내 달라고 소리를 질러요. "기다려"라고 가르쳐야 하는 상황이지요. 그런데 이때 아이 말에 먼저 반응해 주는 것이 정말 중요해요.

엄마가 들었어.
너 지금 수납장 위에 있는
장난감 상자 꺼내 달라는 거지?
알았어! 꺼내줄 거야.
근데 봐봐. 이 상황이 끝나야 꺼내줄 수 있어.
좀 기다려.

오늘의 마음

date . .

chapter 43

그렇게 생각했다면 기분 나빴겠네

아이가 엄마는 나보다 동생을 더 예뻐하는 것 같다고 말해요. 며칠 전에 자기가 뭘 해달라고 엄마를 불렀는데, 동생이 우니까 엄마가 동생한테 가버렸다는 겁니다. 이럴 때 "못 들을 수도 있지. 너는 뭐 엄마가 하는 말 다 잘 들어? 너는 안 그러면서!" 이렇게 말하지 마세요.

엄마가 듣고도 모른 척하고

그냥 가버렸다고 생각했다면

네가 많이 속상했겠네.

그렇게 받아들였다면 기분 나빴겠다.

그래서 동생을 더 사랑한다고 생각했다면

마음이 더 안 좋았겠네.

근데 엄마가 그러진 않아.

엄마가 더 귀 기울여서

네가 하는 말들을 잘 들을게.

chapter 44

어떤 것을 하면 좋을까? 네가 알려줘

아이와 놀아주기, 간단하게 두 가지 포인트만 짚어드릴게요. 하나, 아이의 뒤를 따라가면 됩니다. 둘, 모르면 아이한테 물어보면 됩니다. 부모는 '놀이'라는 배에 같이 탄 거예요. 이 배의 선장은 '아이'입니다. 이 점을 잊지 마세요.

와, 우리 ○○이가 굉장히 재밌어하네.
엄마랑 같이 하면 더 재밌겠다.
엄마는 어떤 것을 하면 좋을까?
어떻게 하면 되는 거야?
네가 알려줘.

오늘의 마음

date . .

chapter 45

미안, 장난이 너무 심했어

아이와 놀아주면서 아이를 절대 놀리면 안 됩니다. 간혹 어떤 어른들은 아이를 놀리고 반응을 보면서 재미있어 하고, 울려놓고도 웃기도 해요. 아이는 장난감이 아니에요. 아이의 자존심을 가지고 장난치지 않았으면 합니다.

미안해. 내가 장난이 너무 심했어.

싫어하는 거 안 할게.

재밌게 놀기 시작한 건데, 미안하다.

기분 풀어.

우리 다시 놀자.

chapter 46

당신 참 잘 살았어

남편과 아내가 서로에게 해줬으면 하는 말이에요. 수많은 자잘한 일들에 치여 불쑥, 세상에서 가장 든든한 나의 편에게 짜증 내고 비난하고 깎아내리는 말을 해버리기도 합니다. 그런데 그 사람이 제일 소중한 사람이에요. 그 사람이 편안하고 힘을 내야 나도 편안합니다.

생각해 볼수록
당신 참 괜찮은 사람이야.
당신 참 잘 살았어.

chapter 47

처음부터 잘하는 사람은 없어

아이가 뭔가를 똑 부러지게 해내지 못할 때 부모는 말을 정말 조심해야 합니다. 이런 상황에서 아이에게 무심코 던지는 말에는 비난이나 무시가 너무 많이, 쉽게 담기거든요.

처음부터 다 잘하는 사람은 없어.
배워서 하게 되는 거지.
아빠가 잘 가르쳐줄 테니까 잘 봐.
여러 번 해야 배울 수 있는 거야.

오늘의 마음

date . .

chapter 48

속상할 때가 많다는 것, 잘 알고 있어

무조건 동생에게 참아주는 아이, 무조건 형이나 누나(언니)에게 할 말을 잘 못 하는 아이들이 있습니다. '기가 좀 더 강한 형제에게 주눅이 든다'라고 표현할 수도 있는데요. 그 아이에게 가끔 이런 말을 해주세요.

네가 속상할 때가 많다는 것, 잘 알고 있어.
네가 많이 참아주고 있다는 것도
엄마가 잘 알고 있어.
고맙고 대견한데, 또 할 말도 하고 사는 거야.
동생(형)한테 할 말은 해.
무조건 참아주는 것은
동생(형)한테 도움이 안 되기도 하지.

chapter 49

그런다고 밀면 안 되는 거야

사람에게든 동물에게든 '미는 행동'으로 화를 표현하지 말라고 가르쳐주세요. 화나거나 기분 나쁜 그 마음은 미는 행동 말고 말로 표현하는 것이라고 일러주세요. 그리고 다양한 말들을 연습시켜 주세요.

화날 때도 있고, 기분 나쁠 때도 있지.

그런다고 밀면 안 되는 거야.

화난 것이나 기분 나쁜 것은 말로 해.

"싫어" "기분 나빠" "화 나"

이렇게 말로 해.

오늘의 마음

date . .

chapter 50

누구도 밀면 안 되는 거야

아이들은 "공평하지 않아" 또는 "억울해"라는 말을 달고 살아요. 그래서 훈육할 때 '누구도'라는 단어가 정말 중요합니다. '누구도'를 넣어 말해야 부모가 특정한 누군가를 편들지 않는다고 생각해요. 동생을 밀면 안 된다고만 하면 다른 사람은 밀어도 된다고 생각할 수 있습니다.

아빠도 밀면 안 되고,
동생도 밀면 안 되고,
친구도 밀면 안 되고,
어느 '누구도' 밀면 안 되는 거야.

chapter 51

가져가지 마. 기분 나빠

장난감을 자주 빼앗기는 아이라면 다음 말을 당당하게 할 수 있도록 엄청나게 많이 연습시키세요. 연습이 안 되어 있으면 이 말을 할 때 울음이 나오거나 소리를 지르게 됩니다. 그러면 상대에게 안 먹혀요.

"그건 내 거야. 가져가지 마. 기분 나빠"라고 말해.
그래도 걔가 말을 안 들을 때가 많을 거야.
그런다고 더 크게 소리를 지르거나
'앙~' 하고 울어버리면
너의 생각과 마음이 잘 전달이 안 돼.
그때는 어른들한테 와서 이야기하렴.

오늘의 마음

date . .

chapter 52

그렇지. 바로 그런 거지

"화장실 가도 돼요?" "물 마셔도 돼요?" 같은 자기 신변과 관련된 아주 사소한 것까지 스스로 결정하지 못하고 일일이 묻는 아이들이 있습니다. 아이가 스스로 해도 되는 일에서는 아이가 최종 결정자가 되도록 대화를 유도해 주세요.

넌 어떻게 하고 싶어?

(아이의 대답을 들은 후)

그렇지. 바로 그런 거지.

그런 건 물어볼 필요가 없단다.

네 생각대로 하면 되는 거야.

누가 자존심을 건드려도, 누가 험담을 해도,
누가 내 옆에서 잘난 척을 해도, 내가 좀 위축이 돼도,
내가 좀 바보 같다는 생각이 들어도….
나는 세상에 하나뿐인 나예요. 아이들의 엄마(아빠)이고,
부모님의 자식이고, 사랑하는 아내(남편)이고,
나만이 할 수 있는 일이 수도 없이 많아요.
나는 절대 대체불가한 사람이에요.

나는 나야.
이 세상에 둘도 없는 사람이야.
나는 그런 사람이야.

chapter 53

설명하기가 좀 어려워?

아이들은 어리기 때문에 자기가 말하고 싶은 것을 설명하기 어려워할 때가 있어요. 이럴 때는 아이의 말을 끊는 것이 아니라 말 중간중간에 부모가 정리를 해주는 것도 좋습니다. "선생님이 그렇게 말했어?" "그래서 애들이 한다고 한 거야?" 같은 식으로 말이지요.

네가 설명하기가 좀 어려워?

엄마(아빠)가 잘 알아들어볼게.

천천히 말해봐.

잘 모르겠으면 중간중간에

엄마(아빠)가 너한테 물어볼게.

chapter 54

그렇게까지 짜증 낼 것은 아니지

아이가 놀이를 하다가 잘 안 된다고 짜증을 내요. 그러면 흔히 "야, 너 그렇게 짜증 내려면 하지 마"라고 하면서 부모가 더 짜증을 냅니다. 아이의 짜증에 짜증으로 답하지 마세요.

짜증이 날 때가 있지.

그런데 이거는 재밌게 놀이를 하는 상황이잖아.

놀이는 잘 될 때도 있고, 잘 안 될 때도 있는데

그렇게까지 짜증 낼 것은 아니지.

너무 짜증 나면 다음에 하든가.

오늘의 마음

date . .

chapter 55

오늘부터는 미리 골라놓자

아이는 심플해요. 부모가 상상하는 것처럼 복잡하고 고의적이지 않아요. 단지 자기 마음에 드는 옷을 입고 싶은 것뿐입니다. 그런데 오늘, 지금은 상황이 안 됩니다. 그러면 부모도 심플하게 가르쳐주면 됩니다.

네가 고른 옷이 아니니까
마음에 안 들 수는 있지.
그럼, 오늘부터는 내일 입을 옷을 미리 골라놓자.
네가 입고 싶은 옷을 네가 골라.
네 마음에 안 드는 것은 알겠는데,
지금은 가야 할 시간이야. 그냥 가야 해.

chapter 56

그래도 엄마는 언제나 네가 좋아

아이는 그 당시 마음이 싫고 힘들고 안 좋은 것을 그냥, "엄마, 미워"라고 말하기도 해요. 그 말을 '어떻게 네가 나를 미워할 수 있어?'라고 받아들이지 마세요. 아이는 엄마를 사랑할 수밖에 없는 존재예요. 아이의 사랑을 믿어 의심치 마세요.

엄마하고 있을 때
네가 뭔가 마음이 불편하고 힘든 거지?
네가 기분이 안 좋은 거지?
그래서 "엄마, 미워"라고 한 거네.
뭐가 싫고 화나는지 얘기해 봐.
네가 화나서 그렇게 말해도
엄마는 언제나 네가 좋아.

오 늘 의 마 음

date . .

chapter 57

형제라고 다 잘 맞을 순 없어

형제자매라고 해서 무조건 좋고 잘 맞진 않아요. 사사건건 마음에 안 들고 싫을 수도 있습니다. 형제에 대한 아이의 마음이 부모의 마음과 같을 수는 없어요. 부모가 아이를 보는 시각과 형제가 아이를 보는 시각도 다를 수 있어요. 서로 안 맞는 것을 인정해 주고 절충안을 찾아가게 하는 것이 필요합니다.

한집에 사는 가족이라고
모든 게 다 좋고 마음이 다 맞고 그럴 순 없어.
상대가 좀 싫을 때도 있지. 그럴 수 있어.
다 좋아하고 이해해 주라는 것은 아니야.
같이 살아야 하니까
너무 힘들면 엄마랑 이야기해 보자.

chapter 58

마음이 몹시 힘들고 고통스러운 거야

아이가 "죽어버릴 거야"라고 말해요. 아이의 말은 정말로 죽겠다는 뜻이 아니에요. 지금 그런 마음이 들 정도로 힘들다는 겁니다. 그러니 좀 도와달라는 뜻이에요. 누구나 깊은 마음, 힘든 마음은 자신에게 가장 가까운 사람, 의미 있는 사람에게 표현합니다.

네가 이런 말을 할 때는
마음이 몹시 힘들고 고통스러운 거야.
아빠(엄마)는 네가 그렇게까지 힘든 줄은 미처 몰랐다.
빨리 알았어야 했는데 미안하구나.
너의 힘든 마음을 말해보렴.
엄마 아빠는 정말 너를 아끼고 사랑해.
언제나 네 옆에 있단다.
같이 의논해 보자.

오늘의 마음

date . .

chapter 59

"나 이거 가지고 놀아도 돼?"라고 물어보는 거야

내 물건이 아닌 것을 만질 때는 주인의 허락을 구하는 것이 원칙입니다. 아이들의 관계에서도 마찬가지예요. 만약 장난감 주인이 싫다고 하면 어쩔 수 없는 겁니다. 속상하긴 하지만 좋은 얼굴로 "다음에 같이 놀자"라고 말할 수 있도록 가르쳐야 합니다.

이거 가지고 놀고 싶었구나.
그럴 때는 "나 이거 가지고 놀아 돼?"라고
물어보는 거야. 네 것이 아니니까.
빌려줄 수도 있고, 안 빌려줄 수도 있어.
안 빌려주면 속상하지만 어쩔 수 없는 거야.
그럴 때는 "다음에 같이 놀자"라고 말하면 돼.

chapter 60

규칙을 잘 지켜야 재밌게 놀 수 있어

놀이의 규칙을 자꾸 어기면 놀이를 멈추는 것이 맞습니다. 하지만 다시 기회를 주세요. 지금은 안 놀아주지만 나중에 또 놀아주세요. 내일은 다시 그 장난감을 주세요. 끊임없이 기회를 주셔야 합니다. 그래야 아이가 자신을 조절해 가는 연습을 할 수 있어요.

엄마랑 노는 것, 정말 재미있지?

진짜 찌르지 않는 것이 놀이의 규칙이야.

진짜 찌르면 아프기도 하고,

친구들은 기분 나쁠 수도 있어.

규칙을 잘 지켜야 재밌게 놀 수 있거든.

신나게 놀기! 찌르는 척만 하기!

진짜로 찌르지 않기!

오늘의 마음 회신

당신의 걱정이 사랑에서 출발했음을 기억하세요

이제 한 달 반 정도 된 신생아를 키우는 아빠가 말했어요. "박사님, 아기가 너무 예쁜데 안을 수가 없어요." 무슨 말인지 물었더니, 아빠는 자신이 아기를 다치게 할까 봐 걱정이 된다고 했어요. 안을 때도 떨어뜨릴까 봐, 목욕을 시킬 때도 팔에서 미끄러질까 봐, 분유를 먹일 때도 혹시 숨이 막힐까 봐, 옷을 입힐 때도 아프게 잡을까 봐, 아이가 평소보다 많이 울면 내가 뭔가 많이 잘못했을까 봐 걱정이라고 했습니다. 결국 이 초보 아빠는 감히 아기에게 손을 대지 못했어요.

신생아를 만났을 때 부모들의 걱정스러운 마음, 너무나 잘 압니다. 그 시기 아기는 정말 깜짝 놀랄 만큼 작고 연약해 보여요. 그런데 이 아기들이 의외로 그렇게 약하지 않습니다. 스스로 먹을 수도 없고 걸을 수도 없지만, 신생아들도 자기 생존을 위한 매우 적극적인 힘을 가지고 있어요. 넘어질 것 같으면 본능적으로 꽉 쥐어요. 안길 때는 딱 붙습니다. 불편해지면 크게 울어요. 인류가 지금까지 살아남은 이유는 이 연약한 아기도 생존의 힘을 가지고 있고, 어설픈 초보 부모들에게도 내 아이를 사랑하는 넘치는 힘이 있기 때문입니다. 두 힘이 조화를 이뤘기 때문이지요.

아이가 어떻게 될까 봐 드는 걱정은 아이를 귀하게 여기고 사랑하는 마음에서 출발합니다. 잘 키우고 싶은 마음에서 출발해요. 아이가 어떻게 되든 말든 신경 쓰지 않는다면 불안하지도 않습니다. 아이를 향한 나의 걱정은 내가 아이를 진정으로 사랑하기 때문에 드는 마음이에요. 내가 진짜 부모가 되어간다는 신호입니다. 무척 고귀한 마음이지요. 부모가 되어보지 않으면 느낄 수 없는 마음입니다.

그런데 이런 불안이나 걱정이 들 때 우리가 반드시 기억해야 하는 것이 있어요. 그 마음의 출발이 '사랑'이라는 거예요. 내 안에 아이를 위해 내 목숨을 던져도 아깝지 않을 정도의 큰 사랑이 있다는 겁니다. 사랑은 표현을 해야 해요. 우리는 종종 걱정에 먹혀서 아이에게 표현하는 것을 잊어요. 이 초보 아빠에게 저는 이렇게 조언했어요. "아기가 걱정이 될 때는 아기를 한 번 더 안아주세요. 아기를 한 번 더 쓰다듬어주세요. 아기의 귀에 대고 '아빠는 너를 진짜 사랑해'

라고 속삭여주세요."

아이의 건강을 걱정해서 집을 지나치게 깨끗하게 청소하는 엄마가 있었어요. 이 엄마는 미세먼지도 걱정, 알레르기도 걱정, 각종 바이러스와 세균도 걱정입니다. 그래서 하루종일 열심히 청소해요. 그러다 보니 정작 아이하고 눈을 마주칠 시간도 없었습니다. 이 엄마는 청소를 왜 하게 되었는가에 대한 본질을 잊어버린 거예요. 청소에 몰두하는 그 행위를 통해서 나의 걱정만 낮추려고 할 뿐, 그 행위가 시작되었던 본질은 연기처럼 사라져버린 겁니다.

우리는 아이에 대한 걱정을 많이 해요. 그 걱정은 대부분 '엄청 크고, 깊은 사랑'에서 출발합니다. 그런데 그 걱정으로 인한 행위에만 몰두하면 그 안에 아이는 이미 없어요. 나의 걱정만 낮추려고 할 뿐입니다. 부모가 불안하면 나의 불안을 낮추려고 내 눈에 보이는 아이 주변의 문제들에만 몰두해요. 내가 생각하기에 문제라고 생각하는 것들을 해결하려고 애를 씁니다. 그러다 보면 아이에 대한 따뜻한 사랑이 빠져버립니다.

아이가 가장 원하는 것은 부모가 자신을 따뜻하게 사랑해 주는 거예요. 뭐든 오냐오냐 하면서 다 받아주라는 것이 아닙니다. 아이가 보일 때 눈 한번 맞춰주고, 아이가 곁을 지나갈 때 머리를 쓰다듬어 주고, 옆에 앉을 때 손을 꼭 잡아주는 거예요. 아이를 사랑스럽게 바라보면서 미소 짓고 빙그레 웃어주는 거예요. 밥 먹을 때 "많이 먹어"라고 하면서 어깨 한번 토닥이는 거예요. 날씨가 추우면 "따뜻하게 입어. 겉옷 하나 챙겨 가"라고 말해주는 거예요. 집에 돌아오면 "배고프니?" "오늘 재미있었어?" "오늘 힘들었어?"라고 물어주는 거예요. 아이들은 이런 따뜻한 사랑을 원해요. 이런 사랑은 부모라면 누구나 할 수 있습니다. 왜냐면 우리 마음 안에는 아이를 사랑하는 DNA가 심어져 있기 때문이에요. 당신이 가진 아이에 대한 사랑을 아이가 따뜻하게 느끼도록 표현해 주세요.

4부

나란히 걸으며 새기는 마음

"너는 엄마 아빠가 너무나 사랑하는 사람이야.
너는 그런 소중한 존재란다."

져도 이겨도 재미있는 거야

그렇게 말하면 엄마가 좀 속상하지?

힘들면 좀 쉬어야지

배고프구나. 금방 가져갈 거야

졸리는데, 잠이 안 오네

끝까지 해냈네. 그게 멋진 거야

그 친구는 그때 좀 놀고 싶지 않았나 봐

"누구랑 놀지 말자"라고 말해서는 안 돼

친구들이 많이 해도 나쁜 건 하면 안 되는 거야

걔나 너나 오늘 힘든 하루였네

뭐가 억울한지 얘기해 봐

엄마 아빠가 직접 얘기해야 할 부분이야

너는 해, 너는 달이야. 둘 다 소중해

잘하는 것은 사람마다 달라

끝나고 계속 재밌게 얘기해 보자

그 과정에 잘 참여하는 것이 중요해

모르는 문제는 틀려오는 게 좋아

씩씩하게 보고 와

나도 정말 고쳐야 하는 점이야

그 사람 말에 너무 휘둘리지 마

chapter 61

져도 이겨도 재미있는 거야

놀이에서 '이겼니, 졌니'를 강조하지 마세요. '뭐든 이겨야 좋은 것이다'라는 명제를 강화하는 꼴이 됩니다. 놀이는 상대와 즐거운 시간을 보내는 것이 가장 중요해요. 아이가 그렇게 배울 수 있도록 놀아주세요.

놀이는 놀이 자체가 즐거운 거야.
이기고 지는 것은 그리 중요하지 않아.
져도 재밌고 이겨도 재밌는 거야.
아빠랑 재밌게 놀아보자.
일부러 봐주지 않기! 속이지 않기!
우기지 않기! 졌다고 울지 않기!

오늘의 마음

date . .

chapter 62

그렇게 말하면 엄마가 좀 속상하지?

컴퓨터를 하던 아이가 엄마한테 컴퓨터가 이상하다고 말해요. 가서 봤는데 잘 모르겠어요. 아빠가 오실 때까지 기다려보자고 했어요. 그랬더니 대번에 "엄마는 이런 것도 할 줄 몰라요?"라고 말합니다. 아이의 말에 기분 나쁠 수 있어요. 그래도 감정적으로 대응하지 마세요.

사람이 모든 걸 잘할 수는 없어.
잘하는 것도 있고 못하는 것도 있고
배운 것도 있고 아직 못 배운 것도 있지.
못한다고 바로 그렇게 말하면 엄마가 좀 속상하지?
친구한테 그렇게 말하면 친구도 기분 나쁠 거야.

chapter 63

힘들면 좀 쉬어야지

아이가 "아, 힘들어. 쉬고 싶어"라고 말합니다. 시켜야 할 것들에 마음이 조급해진 부모는 "야, 네가 한 게 뭐 있다고 쉬고 싶어?"라고 말하고 말아요. 아이가 힘들다고 하면 인정해 주세요. 그래야 아이가 '아, 집에 왔구나. 편안해'라고 느끼면서 하루의 피로를 풀 수 있습니다.

어휴, 오늘 힘들었어? 힘들었구나.

저런, 뭐가 그렇게 힘들었을까?

힘들면 좀 쉬어야지.

충분히 쉬고 나서

네가 오늘 할 일, 잘 생각해 보렴.

오늘의 마음

date . .

chapter 64

배고프구나. 금방 가져갈 거야

이유식을 준비하는데, 아기가 배고픈지 소리를 질러요. 이럴 때 "다 될 때까지 기다려"라고 말하지 마세요. "준다고 했잖아. 조용히 해. 왜 소리를 질러?"라고 신경질적으로 반응해서도 안 됩니다. 좀 더 서두르면서 이렇게 말해주세요.

우리 ○○이, 배고프구나.

"엄마, 배고파요. 빨리 맘마주세요."

엄마가 지금 준비하고 있어.

다 됐어. 금방 가져갈 거야.

아유, 배고프네.

chapter 65

졸리는데, 잠이 안 오네

어릴수록 졸릴 때 짜증을 내기도 해요. 각성 조절이 잘되지 않기 때문이에요. 피곤하거나 졸리면 그냥 누워서 자면 될 것 같지만, 어린아이들은 각성 조절 능력이 미숙하여 오히려 각성을 끌어올려요. 즉, 졸린 것을 이기려고 하면서 더 징징거리고 짜증을 내게 되는 것이지요. 이렇게 말해주면 아이들이 '아, 내가 생떼를 부리는 것이 아니라 졸린 거구나'를 알게 돼요.

아이, 졸려 졸려,

잠이 와야 되는데,

눈은 슬슬슬 감기는데,

빨리 잠이 안 오네.

자장 자장 자장 자장….

오늘의 마음

date . .

chapter 66

끝까지 해냈네. 그게 멋진 거야

그림을 그릴 때마다 항상 중간에 그만두던 아이가 있었어요. 그런데 어느 날 아이가 색칠까지 끝까지 다 해냈어요. 이전에 잘 안 되던 것을 노력했을 때, 이 노력의 과정을 칭찬해 주세요. 칭찬을 잘 해주면 아이는 자부심을 느끼며 동기가 더 생깁니다.

이번에는 끝까지 해냈네.
그게 멋진 거야.
중간에 그만 두지 않고
끝까지 해낸 게
그게 멋진 거야.
잘 해냈어.

chapter 67

그 친구는 그때 좀 놀고 싶지 않았나 봐

아이가 친구에게 놀자고 했다가 거절을 당했어요. 많이 속상해합니다. 친구의 마음이 언제나 나의 마음과 꼭 맞을 수는 없어요. 나와 다른 사람이니까요. 그냥 그럴 수도 있는 겁니다. 그 사실을 편안하게 받아들일 수 있도록 말해주세요.

그런 상황이면 대부분 속상하지.
너도 좀 속상했겠다.
근데 그 친구는 그때 좀 놀고 싶지 않았나 봐.
그 친구 마음은 그랬나 봐.
네가 싫어서 그런 것이 아닐 수도 있어.
다시 놀고 싶을 때 또 놀자고 해봐.

오늘의 마음

date . .

chapter 68

"누구랑 놀지 말자"라고 말해서는 안 돼

어떤 아이와 놀고 싶지 않은 마음은 옳고 그른 것을 떠나 그 아이의 마음입니다. 그 자체가 잘못된 것은 아니에요. 무리 중에 마음에 들지 않는 사람도 있기 마련입니다. 문제는 마음이 아니라 행동이에요. 그런 마음이더라도 하지 말아야 하는 행동이 있지요.

네가 그 친구를 좋아하지 않을 수도 있어.
싫은 사람도 있을 수 있거든.
같이 안 놀고 싶은 사람도 있어.
그 친구랑 안 놀아도 돼. 그건 네 마음이니까.
그러나 그걸 다른 사람 앞에서 말하면 안 되는 거야.
다른 친구들은 네 마음과 다를 수 있어.
"우리 □□랑 놀지 말자"라고 말하거나
"너 □□랑 놀면 안 돼"라고 말해서는 안 돼.
절대 하지 말아야 하는 행동이야.

chapter 69

친구들이 많이 해도 나쁜 건 하면 안 되는 거야

인간은 외부에서 늘 자극을 받습니다. 무언가를 보고 듣고 배워요. 그중에는 좋은 것만 있지 않습니다. 그것을 막을 수는 없어요. 아이가 유치원에서 나쁜 말을 배워 올 때도 있어요. 이때는 혼내기보다 아이와 이야기를 나눠보고 바르게 가르쳐 주세요.

너는 이 말을 할 때 기분이 어때? 이 말이 무슨 뜻인 줄 아니?
유치원에서 누가 제일 많이 해?
다른 친구들도 이 말을 많이 따라 해?
선생님은 너희들이 이렇게 말할 때 뭐라고 하셔?

그동안 많이 해봤지?
많이 해봤으니까 이제는 그만 하자.
그 말은 좋은 말이 아니야.
사실은 하지 말아야 하는 말이야.
친구들이 많이 해도 나쁜 건 하면 안 되는 거야.

chapter 70

걔나 너나 오늘 힘든 하루였네

유치원에 다녀온 아이가 "나 오늘 △△랑 싸웠어"라고 말해요. 좀 걱정스럽습니다. 그래도 과한 반응을 하면 안 돼요. 부모가 크게 놀라거나 당황하거나 화내면 아이는 말하는 자체가 부담스러워집니다.

이유가 어찌 됐건 친구랑 싸우면 속상하지.

마음이 안 좋지.

걔나 너나 오늘 힘든 하루였네.

몸싸움도 했어?

너는 다친 데 없니? 걔도 다친 데 없어?

무슨 일 있었는데?

chapter 71

뭐가 억울한지 얘기해 봐

형제가 싸웠어요. 두 아이 모두 훈육을 했습니다. 그런데 동생이 자꾸 억울하다고 해요. 전적으로 형이 다 잘못한 일이었다는 겁니다. 그런데 똑같이 혼났다며 이건 불공평하다고 말합니다.

너는 잘못한 것이 없는데
똑같이 혼났다는 생각이 들면, 엄청 억울하겠다.
지금 엄마한테 억울하다고 하는 거지?
뭐가 억울한지 얘기해 봐.
뭐가 그렇게 억울한데? 뭐가 그렇게 속상한데?

(아이의 이야기를 좀 듣고)

세상 일이 언제나 정확하게 공평하지는 않아.
억울하기는 하지. 그건 알겠어.

그런데 어쨌든 우리는 가족이고 같이 살아야 하니까
다툼이 자주 있을 때는
상대방이 고쳐야 하는 것도 있고,
내가 또 고쳐야 하는 것도 좀 있거든.
무슨 일이 일어났을 때,
'나는 그 과정에서 무엇을 배울까?'라고 생각하면
너도 좀 덜 억울하고 도움도 될 거야.

오늘의 마음

date . .

chapter 72

엄마 아빠가 직접 얘기해야 할 부분이야

고자질하는 아이는 다른 형제가 혼나는 모습을 보고 우월감을 느끼기도 해요. 자신과 부모가 한편이라고 생각하며 막강한 동질감을 느끼기도 합니다. 고자질당한 아이는 마치 싸움에서 모든 사람이 한편이고 자기만 혼자인 것 같은 외로움을 느낍니다.

네가 평소에 형한테 관심이 많구나.
형제간에 관심이 많은 것은 좋은 거지.
네가 형을 걱정하는 것도 알아.
그런데 이건 형하고 엄마 아빠가 직접 얘기해야 할 부분이야.
형의 잘못을 자꾸 와서 얘기하면
너하고 형하고 싸움이 생길 수도 있어.

그나저나 너는 오늘 학교에서 친구들과 재밌게 지내다 왔어?

인간사에도 자연의 섭리처럼

그냥 흘려보내야 하는 것들이 있다는 것을 잊지 마세요.

지금 당장 해결하지 않아도 됩니다.

오늘 일은 강물이 바다로 가듯 그냥 흘려보내세요.

괜찮습니다.

그냥 흘려보내자.

죽고 사는 일 아니야.

더 소중한 것들이 많아.

chapter 73

너는 해, 너는 달이야.
둘 다 소중해

형제가 있는 아이들은 누구를 더 사랑하는지 묻기도 해요. 그럴 때 낮과 밤, 해와 달에 빗대어 서로 다르지만 똑같이 소중하다고 얘기해 주세요.

해가 있어야 밝은 낮에 우리가 생활도 하고
과일도 햇빛을 받아서 맛있어지고, 곡식들도 익어.
그래서 해가 비추는 낮은 너무 중요해.
밤이 되면 깜깜해지면서 달이 떠. 밤이 있어야 우리가 쉬거든.
뇌도 쉬고, 몸도 쉬고, 마음도 쉬지.
그래야 다음 날을 준비할 수 있어.
달이 떠 있는 밤도 너무 중요해.
해와 달 중에 어떤 것이 더 소중할까?
둘 다 똑같이 소중해.
너는 해고, 너는 달이야. 너도 소중하고, 너도 소중해.
누가 더 소중하다고 할 수는 없지.

chapter 74

잘하는 것은 사람마다 달라

누나는 공부도 잘하고, 피아노도 잘 쳐요. 그런데 동생은 공부도 못하고, 피아노도 잘 치지 못합니다. 어느 날 동생이 엄마한테 물어요. "누나가 다 잘하니까 누나를 더 좋아하죠?" 아이들은 잘하는 형제를 부모가 더 사랑한다고 오해하기도 해요.

잘하는 것은 사람마다 달라.
너하고 누나는 똑같은 사람이 아니야.
잘하는 것도 좀 다르고,
못하는 것도 좀 달라.
누가 더 잘나고 못나고도 없고,
누굴 더 좋아하고 덜 좋아하고도 없어.
그런데 너무 안 해서 못하는 거라면
그건 노력을 좀 해야겠지?

오늘의 마음

date . .

chapter 75

끝나고 계속 재밌게 얘기해 보자

유치원에 다녀온 아이가 신나게 조잘댑니다. 그런데 곧 학습지 선생님이 오실 시간이에요. 한참 재밌게 얘기하는데 그만 하라고 하기가 좀 야박해 보입니다. 아이 말을 중단시켰다가 기분이 나빠져서 수업을 잘 받지 못하면 어쩌나 걱정도 됩니다.

너랑 얘기하는 것, 정말 재밌어.
선생님 오실 시간이니까(또는 학원 갈 시간이니까)
잠깐 이야기를 멈춰야 해.
엄마가 어디까지 얘기했는지 잘 기억하고 있을게.
선생님 가시고 나면(또는 학원 갔다 오면)
계속 재밌게 얘기해 보자.
진짜 재밌었어.

chapter 76

그 과정에 잘 참여하는 것이 중요해

아이가 내일 유치원에서 한 사람씩 발표하는 시간이 있대요. 그런데 부끄러워서 도저히 못 하겠다고 합니다. 선생님한테 말해서 자기 좀 안 하게 해달래요. 이럴 때는 멋지게 완벽하게 잘하는 것보다 그 과정을 겪어내는 것이 중요한 거라고 말해주세요.

하기 싫은 것이 아니라
여러 사람 앞에 서는 것이 긴장되는 거지?
그 마음은 알겠어. 네가 좀 그런 편이지.
그럴 때 너를 혼내거나 억지로 하라고 하지는 않아.
그런데 그 수업에 잘 참여는 해야 해.
아마 실수하는 아이도 있을 것이고,
웃기는 아이도 있을 거야.
다른 아이들이 잘하는지가 아니라 뭘 발표했는지
잘 듣고 와서 얘기해 줘. 엄마 아빠 궁금해.
매번 긴장된다고 피할 수는 없어.

그것도 네가 그냥 경험해 가야 하는 거지.

‘못할까 봐’ 걱정되면 긴장을 많이 하게 돼.

꼭 멋지게 잘할 필요는 없어.

그 수업의 과정을 네가 잘 참여하는 것이 더 중요해.

다음에는 한번 해보자.

오늘의 마음

date . .

chapter 77

모르는 문제는 틀려오는 게 좋아

학교를 열심히 다니고, 공부를 열심히 하면 학교생활 잘하고 있는 거예요. 하지만 이런 아이들이 반드시 시험을 잘 보진 않아요. 좋은 결과물, 성취를 내지 못했다고 혼내지 마세요. 성적이 안 나오는 게 혼날 일은 아닙니다. 시험으로 아이의 마음이 작아지지 않도록 도와주세요.

시험에서 모르는 문제는 확실하게 틀려오는 게 좋아.
그래야 나중에 다시 공부하거든.
괜히 찍어서 운 좋게 맞으면 안다고 착각해.
찍어서 맞히는 것은 너한테 도움이 안 돼.
시험은 '내가 뭘 아는지 모르는지 잘 봐보자' 하는
마음으로 보면 돼.
시험 점수가
너의 존엄성, 가치를 매기는 점수는 아니야.
점수가 100점이라고, 인격이 100점은 아니니까.

chapter 78

씩씩하게 보고 와

시험 보러 가는 아이에게 "이번 시험 중요해. 시험 잘 보고 와"라고 말하지 마세요. 아이에게는 "좋은 점수를 받아와"로 들릴 수 있습니다. 얼마나 부담될까요? 그냥 그 과정을 잘 겪어나갈 수 있는 힘을 주세요. 아이들은 결과보다 과정에서 너무나 많은 것을 배웁니다.

문제를 꼼꼼하게 잘 읽고,
최선을 다해 봐.
모르는 문제가 나와도 끝까지 읽어봐.
씩씩하게 보고 와.

chapter 79

나도 정말 고쳐야 하는 점이야

부모가 훈육하는데 아이가 "엄마도 그러잖아요" 내지는 "아빠도 매번 잘한다고 하고 못하잖아요"라고 대꾸합니다. 이럴 때 인정이 가장 중요합니다. 아이의 타당함과 정당함을 순순히 인정해 주세요. 그래야 가르칠 수 있어요. 올바른 것을 가르쳐주면서 아이와 싸우지 마세요.

맞아. 내가 그럴 때가 있지.
나도 정말 고쳐야 하는 점이야.
알아도 좀 어려울 때가 있단다.
아빠도 끊임없이 노력할 거야.

(아빠도 못하면서 왜 나한테는 잘하라고 하세요?)

너를 사랑해서,
네가 나보다 더 잘 살았으면 좋겠으니까
부모로서 말해주는 거지.
내가 완벽해서 너에게 충고를 해주는 것은 아니야.

chapter 80

그 사람 말에 너무 휘둘리지 마

아이가 친구의 모진 말에 상처를 받았어요. 부모는 아이가 너무 상처를 받을까 봐, 기가 죽을까 봐, 실망할까 봐 겁이 납니다. 그래서 그 감정을 외면해 버리거나 그냥 좋은 방향으로 조언하고 말아요. 그러면 아이 마음에 와닿지 않아요. 조금 어렵더라도 진솔하게 말해주세요.

세상에는 진짜 다양한 사람들이 있어.
성격도 기준도 표현방법도 다 다르지.
그 사람들이 다 옳고 그름을 따르진 않아.
옳지 않은 행동을 하는 사람도 꽤 많아.
우리가 그 사람들을 당장 바꿔놓을 수는 없어.
사실 그런 사람들은 말을 해도 잘 안 받아들이고,
안 바뀌는 경우가 더 많기도 해. 누가 너를 무시하거나
상처 주는 말을 했을 때, 기억하렴. 그 사람의 말이
다 옳은 것은 아니야. 그 사람 말에 너무 휘둘리지 마.
너는 엄마 아빠가 너무나 사랑하는 사람이야.
너는 그런 소중한 존재란다.

오늘의 마음 회신

'내 아이에게는 절대 겪게 하지 않을 거야. 이것만큼은 꼭 해줄 거야.'

어릴 때 너무 내향적이어서 외로웠던 사람이 있습니다. 엄마가 되었지요. 아이가 학교에 다녀와서 말합니다. "나 오늘 학교에서 혼자 놀았어." 아이는 그리 속상해 보이지 않아요. 슬퍼 보이지도 않습니다. 그런데 엄마는 아이가 얼마 전 "내가 좀 부끄러웠어"라고 한 말까지 떠올라요. 수줍음이 많았던, 그래서 늘 혼자 놀았던 어린 시절 자신의 모습과 아이의 모습이 겹쳐집니다. '내 아이는 그러지 않았으면 했는데….' 가슴이 찢어지게 아파옵니다. 엄마는 심각한 표정이 되어 아이에게 물어요. "너 혹시 왕따당하는 거야? 맨날 혼자 놀았니? 선생님은 뭐라고 하셔? 그러게, 엄마가 친구들 앞에서 너무 부끄러워하지 말라고 했지? 말도 좀 먼저 걸고…." 엄마는 안타까운 마음에 자꾸만 걱정을 했다가 화를 냈다가 합니다. 아이는 엄마의 반응이 당황스러워요. 다음부터는 학교에서 있었던 일을 말하지 말아야겠다고 마음먹습니다.

가끔은 혼자 놀 수도 있고, 친구들 앞에서 좀 부끄러울 수도 있어요. 누구나 그럴 수 있습니다. 그런데 엄마는 자신이 가진 어떠한 '한恨'이 아이한테 그림자처럼 얹어져서 지나치게 과잉 반응을 하는 거지요. 우리는 각자 다른 어린 시절을 살아왔어요. 사랑받고 행복했다고 느끼는 어린 시절을 보낸 사람도 있고, 그렇지 못한 어린 시절을 보낸 사람도 있습니다. 어떤 경우이든 그 어린 시절로 인해서 '나는 부모가 되면 내 아이에게 이것만은 절대 겪지 않게 하겠다, 저것만은 꼭 해줄 것이다'라는 식의 다짐이 생겨나기도 합니다. 하지만 이것이 가슴이 찢어질 듯 한에 가까워지는 것을 굉장히 조심해야 합니다. 그 마음도 사랑인 것은 맞지만, 이 한 맺힌 사랑이 내 아이를 파악하고, 지금 아이에게 필요한 도움을 주고, 아이가 정말 원하는 것을 알아가는 것을 방해해요. 지금의 내 아이를 보기보다 자꾸 어린 시절 나의 아픔에 몰두해서 반응하게 됩니다.

어린 시절 내가 어떻게 컸느냐가 아이를 키우는 데 영향을 많이 주는 것은 맞아요. 그런데 절대 잊지 말아야 할 것은 나는 우리 부모가 아니에요. 내 아이의 부모는 나의 부모가 아닙니다. 내 아이는 내가 아닙니다. 나는 부모와 다른 사람이고, 아이는 나와 다른 사람이에요. 나와 내 아이는 완전히 새로운 관계입니다.

아이가 어떤 일을 겪거나 어떤 행동을 했을 때, 다른 부모들은 아무렇지도 않은데 나는 유난히 가슴이 찢어지게 아픈 상황들이 있어요. 왜 그럴까요? 나에게 무척 중요한 부분이라서 그렇습니다. 그 중요한 부분이 내가 살아가는 데 중심이 돼서 나를 도왔을 수도 있어요. 혹은 내가 굉장히 원했지만 끝끝내 채워지지 않은 상처로 남아 있을 수도 있습니다. 그런 부분이 있다는 것은 부끄러운 일이 아니에요. 인간은 완벽하지 않습니다. 누구나 있을 수 있어요. 하지만 나에게 그런 부분이 있다는 것을 알고 있는 것과 모르고 있는 것은, 아이에게 주는 영향이 완전히 다를 수 있습니다.

'내 아이한테 절대 겪게 하지 않을 거야. 이것만큼은 꼭 해줄 거야'는 사이좋던 부부가 아이를 낳고 자주 싸우게 되는 지점이기도 해요. 부부는 서로 다른 사람이라 그 부분도 서로 다릅니다. 그런데 그 부분 앞에서는 서로 비장해지기 때문에 절대 물러설 수가 없거든요. 양육의 궁극적인 목표는 아이가 건강한 사람으로 자기 삶을 독립적으로 잘 꾸려가도록 하는 겁니다. 그런데 각자 자신의 한 맺힌 부분만 중요하고 나머지는 자기 경험상 중요하지 않다고 생각하면 아이에게는 혼란스러운 메시지가 갈 수 있어요. 아이를 잘 키우려고 하면 할수록 서로 싸우게 될 수 있습니다.

아이를 키우면서 유독 가슴 찢어지게 아픈 순간이 있었나요? 무엇인지 먼저 생각해 보세요. 배우자에게도 물어보세요. 서로 민감할 수 있는 부분이라는 것을 이해하고 최대한 편안한 분위기로 이야기를 나눕니다. 상대의 말에 "넌 왜 그래? 이상하다. 이해가 안 돼"라는 말은 금지예요. "나는 좀 이랬어. 나는 좀 이래. 나에게는 이게 중요해"라고 말하면 그냥 들어주세요. 아무 소리도 안 해도 됩니다. 그냥 끝까지만 들어주세요. 그렇게 각자 인생에서 중요한 것이 무엇인지, 특히 아이를 키우면서 건드려지게 되는 것이 무엇인지 이야기를 잘 나눠보세요. 내 아이에게 지금 정말 필요한 것이 무엇일까를 함께 고민해 봅니다. 아이를 위한 좀 더 좋은 답을 찾아갈 수 있을 거예요.

5부

소중히 안으며 새기는 마음

"너는 마음이 참 따뜻한 아이야.
너는 꽃이야, 별이야, 바람이야."

어떤 인생을 살고 싶니?

화를 가라앉힐 시간이 필요해

너도 그러고 싶지는 않을 거야

너는 어떻게 해볼 생각이야?

네 것이 아닌 것은 만지면 안 되는 거야

사랑했던 마음은 네 마음 안에 살아남아 있는 거야

내가 잘못한 거야. 미안하다

너를 미워하거나 싫어해서 그러는 것이 아니야

주장이 꺾이는 게 지는 것 같으면 고집이야

네가 앉았던 자리를 한번 돌아보렴

어쩔 수 없는 것도 있는 거야

미안하다고 말하는 것이 제일 좋은 방법이야

불편해도 오늘은 입어야 해

싫어도 해야 하는 것이 있어

궁금해서 물어보는 거야? 하기 싫어서 물어보는 거야?

네 의견만, 감정만 중요하면 그건 무례한 거야

이제까지 너는 잘 해냈어. 이번에도 그럴 거야

맞아, 사실은 없어

올 한 해 잘 지내줘서 고맙다

너는 꽃이야, 별이야, 바람이야

chapter 81

어떤 인생을 살고 싶니?

꿈을 물으면 아이들은 직업을 떠올려요. 좋은 직업은 다 공부를 잘해야 할 수 있을 것만 같아요. 그래서 요즘 아이들은 꿈이 없다고 답할 때가 많습니다. 꿈조차 부담이 되는 거예요. 꿈은 그냥 내가 살고 싶은 인생이에요. 아이들도 그렇게 생각했으면 합니다.

엄마 아빠는
네가 뭘 좋아하는지, 무슨 생각을 하고 있는지,
어떤 것에 관심이 있는지, 정말 많이 궁금해.
나중에 어른이 되면 어떤 인생을 살고 싶니?
어떤 사람이 되고 싶어?

오늘의 마음

date . .

chapter 82

화를 가라앉힐 시간이 필요해

훈육을 하려는데 아이의 화난 모습을 보고 부모 또한 화가 납니다. 어떻게 해야 할까요? 우선 내가 화났다는 사실부터 인정하세요. 화를 가라앉힌 후 다시 훈육하세요. 어떤 방법을 써도 화가 가라앉지 않으면 훈육은 다음으로 미루셔야 합니다.

엄마가 지금 화가 나서
계속 얘기하다가는 너한테 소리 지르고 화낼 것 같아.
그러면 안 되잖아?
차분하게 가르쳐주고 알려줘야 하는데.
엄마가 화를 좀 가라앉힐 시간이 필요해.
화를 가라앉히고 나서 다시 잘 이야기해 보자.
이건 너랑 꼭 얘기해야 하는 중요한 거야.

chapter 83

너도 그러고 싶지는 않을 거야

아이가 손톱을 심하게 물어뜯어요. 이럴 때 많은 부모가 문제를 지적하고 협박하며 일방적으로 훈계합니다. 이렇게 해서는 아이의 문제 행동을 고치기 힘듭니다. 먼저 아이의 어려움을 공감해 주셔야 해요. 그리고 아이도 그 행동을 문제라고 생각하는지 물으셔야 합니다.

손톱 물어뜯으면 어른들이 맨날 뭐라고 하잖아.
아유, 너도 듣기 싫겠다.
너도 그러고 싶지는 않을 거야.
피도 나고 손톱도 갈라지는데,
너라고 좋아서 그러겠니.
스트레스받아서 그러는 것 같아?
그런데 사실,
손을 입에 계속 넣는 것은 문제이기는 해.
너도 알고 있지?

chapter 84

너는 어떻게 해볼 생각이야?

아이가 자신의 문제를 인정하면 이렇게 말해주세요. 아이는 문제 행동을 해결하는 과정의 중심에 서고 부모는 돕는 형태가 됩니다. 아이가 문제 해결을 이끄는 주인공이 되는 거지요. 이때 간절하게 필요한 것이 부모의 인내심이에요.

네가 문제라는 것을 아는 것만으로 정말 다행이야.
문제라고 받아들여야 변화도 생기거든.
그런데 안다고 금방 바뀌지는 않지? 그럴 수 있어.
문제라는 것을 알았으니까
변화를 위해서
어떻게 해볼지 생각해 보는 것은 필요해.
어떻게 해보는 것이 좋을까?
너는 어떻게 해볼 생각이야?
엄마 아빠는 어떻게 좀 도와줄까?

chapter 85

네 것이 아닌 것은 만지면 안 되는 거야

아이가 허락 없이 남의 것을 들고 왔어요. 이런 행동은 성장 과정에서 자연스럽고 흔한 일입니다. 문제는 그다음이에요. 부모가 어떻게 대처하느냐에 따라 아이의 도덕 관념, 자존감, 부모와의 관계가 천양지차로 달라집니다.

네 것이 아닌 것은 만지면 안 되는 거야.

허락 없이 가져오는 것도 안 돼.

빌릴 때는 허락을 받아야 해.

허락 없이 가져오는 것은 빌리는 것이 아니야.

절대 하면 안 되는 거야.

오늘의 마음

date . .

chapter 86

사랑했던 마음은 네 마음 안에 살아남아 있는 거야

고양이, 개, 금붕어, 햄스터 등 반려동물이 죽었을 때 아이들은 대성통곡하기도 합니다. 쉽지 않은 개념이지만 존재가 사라져도 그간 있었던 좋아하는 마음, 사랑하는 마음, 서로 위로가 됐던 그 마음은 언제나 마음속에 남아 있다고 가르쳐주세요.

△△도 네가 보고 싶을 거야.
너도 보고 싶겠지?
보고 싶을 때는 '△△야, 잘 있니?'라고 말해도 돼.
너무 보고 싶으면 △△ 찍어놓은 사진 있잖아? 그거 보자.
네가 △△를 사랑했던 마음은
△△가 죽어도 있는 거야.
네 마음 안에 살아남아 있는 거야.

chapter 87

내가 잘못한 거야. 미안하다

"예전에 아이를 때린 적이 있어요. 사과를 하고 싶습니다. 어떻게 해야 할까요?"
진심으로 잘못을 인정해야 합니다. 그래야 아이가 상처를 극복할 수 있습니다.

이유가 무엇이건 간에
그때 너를 때린 것은, 내가 잘못한 거야.
좋게 말했어야 했는데, 때린 건 정말 미안했다.
가르쳐준다고 때린 것은, 엄마(아빠)가 잘못한 거지.
엄마(아빠)한테 맞았을 때,
무섭고 속상했을 거야. 그때 네 마음을 알겠다.
미안하다.

chapter 88

너를 미워하거나 싫어해서 그러는 것이 아니야

"안 돼"라는 말에 유난히 예민한 아이들이 있어요. 가장 대표적인 이유가 '자기 의견을 받아주는 것 = 나를 사랑하는 것'이라고 생각하기 때문입니다. 이런 아이들에게 지침을 줄 때는 벽지를 바르기 전에 초배지를 바르듯 아이 마음에 초배지를 먼저 발라주세요.

엄마가 널 사랑하지.
그래서 잘 가르치려는 거지.
엄마가 "안 돼"라고 할 때는
안 되기 때문에 안 된다고 하는 거야.
너를 미워하거나 싫어해서 그러는 것이 아니야.
사랑한다고 다 들어줄 수는 없거든.
안 되는 것이 있다는 것도 가르쳐줘야 해.
그래도 안 된다고 하는 거야.

chapter 89

주장이 꺾이는 게 지는 것 같으면 고집이야

뭔가 스스로 하려는 것은 멋진 일이에요. 그걸 '자기 주도성'이라고도 합니다. 자기 일을 스스로 결정하고 해보면서 책임을 지는 거니까요. 그런데 이게 지나친 아이들이 있어요. 그러면 자기주도성이 아니라 똥고집이 됩니다.

네가 고집을 부릴 때 너도 이유가 있겠지.
그런데 사람들이 너한테 고집을 부린다고 말할 때는
그 말이 설사 틀리더라도
한 번쯤은 '내가 정말 고집을 부리고 있는 건가'라고
생각을 해보렴.
고집은 네 주장이 분명한 것하고는 좀 달라.
그 주장이 꺾이는 게 꼭 지는 것 같거든.
네가 그런 마음이라면, 그건 '고집'인 거야.

오늘의 마음

date . .

chapter 90

네가 앉았던 자리를 한번 돌아보렴

물건을 잘 놓고 다니는 아이가 있어요. 그러면 부모의 잔소리는 늘어납니다. 그런데 잔소리로는 아이의 습관을 고치지 못해요. 잔소리는 자주 들을수록 선택적으로 그 소리를 더 안 듣게 되거든요. 문제를 인식시키고 간단한 해결 방법을 알려주세요. 그편이 훨씬 효과적입니다.

사람이 살다 보면 어쩌다 물건을 놓고 오기도 해.
어쩌다 한번은 그럴 수 있지.
자주 그럴 때는 문제야. 고치긴 고쳐야 해.
중요한 것을 잃어버릴 수도 있고,
잘못하면 또 돈 주고 사야 할 수도 있어.
아끼는 것을 잃어버릴 수도 있어.
그러면 너무 마음이 아쉽잖아?
자리에서 일어날 때,
네가 앉았던 자리를 한번 돌아보렴.
놓고 가는 일을 줄일 수 있을 거야.

chapter 91

어쩔 수 없는 것도 있는 거야

아이가 블록 세트의 한 조각이 없어졌다고 새로 사내라고 합니다. 사줘야 할까요? 말아야 할까요? 체념도 가르쳐야 해요. 현재의 한계를 받아들이도록 해야 합니다. 현재의 한계를 받아들이지 않으면 굉장히 집요해집니다. 원하는 것을 다 채워야만 만족하는 사람으로 클 수도 있어요.

찾아는 보자. 찾으면 너무 좋고.

만약에 못 찾으면, 이거 한 조각 때문에 또 살 순 없는 거야.

나머지 있는 것과 다른 장난감들을 가지고 재밌게 놀아야지.

(난 싫어)

싫어도 어쩔 수 없지, 뭐.

어쩔 수 없는 것도 있는 거야.

이 한 조각을 채워야지만

네가 즐겁게 놀 수 있는 것은 아니야.

chapter 92

미안하다고 말하는 것이 제일 좋은 방법이야

미안한 마음이 있기는 있는데, 표현하지 못하는 아이들이 있어요. 그중에는 "그걸 꼭 말로 해야 해요?"라고 되묻기도 합니다. 마음은 말로 해야 해요. 미안하다고 느꼈다면 정확히 말로 해주는 것이 맞아요. 가까운 사람에게도, 가깝지 않은 사람에게도 똑같습니다.

네 마음 안에 미안한 마음이 있을 때는
미안하다고 말하는 것이 제일 좋은 방법이야.
미안한 마음이 있는데
자존심이 상하거나 어색해서 못 한다면,
연습을 해서라도 할 수 있어야 해.
네 마음 안에
고마운 마음이 있을 때는 고맙다고 하는 것이고,
미안한 마음이 있을 때는 미안하다고 하는 거야.

chapter 93

불편해도 오늘은 입어야 해

얼마나 추운지, 감기에 어떻게 걸리는지, 왜 계절마다 다른 옷을 입어야 하는지 등을 길게 설명하지 마세요. 친절하게 설명해도 말이 길어지면 잔소리예요. 잔소리는 감각이 예민한 아이를 더 짜증 나게 만듭니다. 불편해도 감당해야 할 것은 감당하게 하세요. 그래야 감당하는 힘도 생깁니다.

네가 불편해하는 것은 알겠어.
이런 걸 불편해하는 사람들이 꽤 있어.
불편해한다고 네 성격이 나쁜 것은 아니야.
불편한 건 알겠지만, 오늘은 입어야 해.
어쩔 수 없어.
네가 불편해하는 것을 엄마가 모르지 않아.
불편해하는 네 마음이 별것 아니라는 것도 아니야.
불편해도 오늘은 입어야 해.
날씨가 추워. 안 입으면 감기 걸려.

chapter 94

싫어도 해야 하는 것이 있어

집안의 큰 행사가 있습니다. 가족이 모두 꼭 참여해야 합니다. 그런데 아이가 "나는 집에서 게임할 거예요. 나가기 귀찮아요. 거기 따라가는 것은 저에게 아무 득이 없어요"라고 해요. 어떻게 말해주는 것이 좋을까요?

게임이 재미있고 나가기 싫은 네 마음은 알겠지만,
이거는 가족이 다 참여해야 하는 중요한 행사야.
싫어도 가야 해.
사람은 살면서 싫어도 해야 하는 것이 있어.
꼭 이익이 돌아오지 않아도 해야 하는 것도 있단다.

오 늘 의 마 음

date . .

chapter 95

궁금해서 물어보는 거야?
하기 싫어서 물어보는 거야?

아이가 "왜 그래야 하는데요?"라고 물어요. 부모들은 이 말이 공손하지 않다고 느껴지면 화를 냅니다. 그리고 왜 그래야 하는지 설명하기보다 예의범절을 따지기 시작해요. 아이에게 왜 그렇게 물어보는지부터 확인해 보세요. 궁금해서일 수도 있고, 하기 싫어서일 수도 있어요.

궁금해서 물어보는 거야?

아니면 하기 싫어서 물어보는 거야?

(궁금해서요)

알았어. 그럼, 설명해 줘야지. 왜 그러냐면….

(하기 싫어서요)

그럴 때는 '왜 그래야 하는데요?'라고 하기보다

'저는 하기 싫어요'라고

너의 마음을 먼저 전달하는 것이 더 좋아.

chapter 96

네 의견만, 감정만 중요하면 그건 무례한 거야

아이는 어릴 때부터 자기 생각을 당당하게 말했어요. 소심한 부모는 그런 아이가 내심 자랑스러웠습니다. 그런데 청소년기에 들어선 아이의 말이나 행동에서 종종 무례함이 느껴져요. 당당한 건 좋지만, 무례하면 안 될 것 같은데…. 어떻게 말해줘야 할까요?

네 의견을 말하는 것은 좋은 거야.

네 감정 상태를 말하는 것도 좋은 거야.

당당한 거지.

그런데 네 의견만, 네 감정 상태만 중요하게 생각하면

무례한 거야. 상대를 고려하지 않는 거니까.

네 의견과 네 감정 상태를 당당하게 말하면서

상대가 어떻게 받아들일지를 반드시 같이 고려해야 해.

그게 진짜 당당함이야.

그렇지 않으면 무례함이야.

chapter 97

이제까지 너는 잘 해냈어. 이번에도 그럴 거야

"너, 이렇게 해서 초등학교 가겠니?" 얼마 후 초등학교 입학하는 아이에게 부모는 잔뜩 겁을 줍니다. 의도는 잘하라는 거예요. 그런데 주의를 줄 필요는 있지만 겁을 주지는 마세요. 제대로 시작도 하기 전에 '가기 싫다' '하기 싫다'는 생각이 생겨버릴 수도 있습니다.

새롭게 뭔가를 해야 할 때, 누구나 떨리지.

너도 좀 떨릴 거야.

그런데 이제까지 보면 그런 때도 너는 잘 해냈어.

이번에도 그럴 거야.

오늘의 마음

date . .

chapter 98

맞아, 사실은 없어

산타의 존재를 믿던 아이가 어느 날 갑자기 "산타 할아버지가 정말 있어?"라고 묻습니다. 이때 아이의 동심을 지켜주겠다고 "있거든" 하면서 우기지 않으셔도 돼요. 일단 왜 궁금한지 물어보세요. 아이가 친구에게 없다는 말을 들었다고 하면, 다음과 같이 말해주세요.

맞아, 사실은 없어.
그런데 생각보다 세상에는
어렵고 힘들게 사는 사람이 많아.
연말에는 더 힘들고 외로워지지.
그럴 때 서로 사랑하고 도우면서
마음 따뜻해지라고 산타 할아버지를 만든 거야.

chapter 99

올 한 해 잘 지내줘서 고맙다

한 해를 마무리하며 아이에게 이런 인사를 건네면 어떨까요? 생각해 보면 우리 모두 올 한 해 참 열심히 행복하게 잘 살았어요. 잘못한 것도 있었지만 그렇게 또 배웠을 거예요. 다들 고맙고 대견할 따름입니다.

올 한 해 참 잘 지내줘서 고맙다.

(나 잘못한 것도 있는데)

잘못 한 거? 그럴 때도 있었지.
그런데 그러면서 또 배워가는 거야.
잘하면서도 배우고, 잘못하면서도 배우고,
실수하면서도 배우는 거지.
네 나이에 맞게 잘 크고 있어서
고마울 따름이야.

chapter 100

너는 꽃이야, 별이야, 바람이야

아이를 생각하면 어떤 마음이신가요? 내 안에 다른 심장이 뛴다는 사실을 처음 알았을 때, 아이를 생각하면 어떤 느낌이셨나요? 뱃 속에 있는 아이에게, 지금 내 눈앞의 아이에게 그 말을 해주세요.

너는 마음이 참 따뜻한 아이야.
봄에 피는 꽃처럼 마음에서 향기가 나지.
너는 꽃이야.

너는 궁금해할 때, 호기심이 생길 때
밤하늘에 반짝이는 별처럼 눈이 반짝거려.
너는 별이야.

너와 같이 있으면 기분이 좋아져.
여름에 부는 시원한 산들바람처럼 마음을 어루만지지.
너는 바람이야.

나의 이름을 한 글자씩 떼어 나지막이 불러보세요.

눈을 감고 나의 이름을 여러 번 불러보세요.

나의 이름을 부르는 나의 목소리를 잘 들어봅니다.

내가 나로 태어나서, 나로 살아가는,

이 귀한 인연, 그 인연의 감사함.

내 마음 안에 이 귀하디귀한 나를 담아보세요.

○ ○ ○

나는 나로 태어나서

나로 살아가는 것에 감사해.

오늘의 마음 회신

부모인 당신, 당신 생각보다 훨씬 멋지고 대단한 사람이에요.

그동안 많은 곳에서 '부모'라는 이름을 가진 사람들을 존경한다는 말을 해왔어요. 저는 정말 진심으로 존경합니다. 〈우리 아이가 달라졌어요〉부터 〈요즘 육아 금쪽같은 내 새끼〉까지 20여 년간 어려움을 가진 아이들을 방송에서 만나왔어요. 아이들이 가진 어려움의 진짜 이유를 찾고 부모들에게 설명했습니다. 그러면서 아이들의 어려움을 돕기 위한 육아의 지침과 방향을 제시했어요. 그 모든 것을 이해한 부모들은 정말 감탄을 금치 못할 정도로 바뀌었습니다. 사실 방송에서는 아이의 변화에 초점을 맞춰서 보여주지만, 저는 늘 부모의 변화에 놀라고 희망을 보았습니다.

사람들은 너무나 경솔하게 툭 "문제 아이 뒤에는 문제 부모가 있다"고 내뱉어요. 무심코 던진 돌에 개구리는 맞아 죽듯, 많은 부모들이 이 말에 가슴을 에는 상처를 받습니다. 방송에 출연하면 그런 돌들이 수도 없이 날아올 거라는 것을 그들도 알아요. 하지만 그 손가락

질과 비난보다 아이에 대한 사랑이 더 깊고 뜨겁습니다. 그 사랑이 기반이 되어서 아이에게 기적 같은 변화가 일어나는 거예요. 이분들이 만약 부모가 아니었다면, 자신 안에 이런 엄청난 용기와 사랑이 있다는 것을 알아차릴 수 있었을까요?

아이가 열이 나서 응급실에 갔어요. 부모는 밤새 한잠도 못 잡니다. 몸이 너무 피곤해요. 하지만 어디서 그런 힘이 나오는지 아이 열이 내릴 때까지 수시로 아이 열을 재고 물수건을 바꿔주고 약을 먹입니다. 부모의 머릿속에는 온통 아이 생각뿐입니다. 본인은 안중에도 없어요. 드디어 아이 열이 내리면 그제야 곤히 잠든 아이 얼굴을 보면서 안도의 한숨을 쉬어요. 아이를 간호하면서 제대로 먹지도 자지도 못했지만 자는 아이 머리를 쓰다듬으며, 연신 "고맙다, 고맙다"라고 말합니다.

출산을 할 때는 또 어떤가요? 엄마라면 누구나 눈물 없이는 들을 수 없는 출산 스토리를 가지고 있습니다. 실제로 죽음의 문턱까지 가기도 합니다. 하지만 어떤 엄마도 그 어떤 상황에서도 끝까지 아기를 포기하지 않아요. 포기를 하면 누군가에게 혼나기 때문이 아닙니다. 누군가 상을 주기 때문도 아니에요. 그냥 부모이기 때문에 죽음도 불사할 수 있는 겁니다.

부모가 되기 전에는 좀 힘들면 쉽게 포기했어요. 조금만 아파도 참지 못했습니다. 귀찮은 일은 안 했어요. 가끔은 이기적이라는 말도, 개인주의적이라는 말도 자기중심적이라는 말도 들었습니다. 그런데 그런 사람도 부모가 되면 달라져요. '내가 이 아이에게 얼마나 중요한 사람인가'를 느끼며 거기에서부터 삶의 의미가 생깁니다. 그러곤 나도 모르는 나의 진가를 발견하게 돼요. 나의 깊은 내면에 있는 가장 인간답고, 가장 고귀한 좋은 점들을 수없이 발견하게 됩니다.

아시겠지만, 아이를 키우는 것은 언제나 꽃밭이 아니에요. 매일이 이벤트도 아닙니다. 늘 하하호호 웃을 수 있는 것도 아니에요. 그리고 어느 집이나 강도의 차이가 있을 뿐 모두 육아에 대한 어려움도 가지고 있습니다. 현실적으로 부모가 되면 아이가 없을 때보다 몸이 더 힘들어요. 시간도 항상 부족합니다. 돈도 많이 들어가요. 나를 위해 쓸 수 있는 시간과 돈은 아주 많이 줄어듭니다. 많은 경우 나와 관련된 것은 뒤로 미뤄야 해요. 그런데 그런 것들이 그리 중요하지 않아집니다. '어떻게 하면 이 아이를 잘 키울까'가 가장 중요해져요. 그 뜨거운 사랑이 내 안의 가장 깊은 곳에 있는 고귀한 '인간다움'을 끌어올리는 것이 아닐까 싶습니다.

당신이 부모라면 좀 더 자긍심을 가졌으면 합니다. 부모로서의 역할에 자부심을 가졌으면 좋겠습니다.

당신은 아이에게 너무 중요한 사람이에요.
당신은 이렇게 이타적인 사람입니다.
당신은 누군가를 이렇게나 깊이 사랑할 수 있는 사람이지요.
당신은 기꺼이 당신 자신을 극복할 수 있는 사람입니다.
당신은 굉장히 강인한 사람이에요.
당신은 당신이 지금까지 알던 것보다 더 괜찮고 대단한 사람입니다.

당신은 그런 사람이에요.
아이가 매일매일 변화하고 자라나는 이 순간, 모두 당신 덕입니다.
한껏 뿌듯해했으면 좋겠습니다.

memo